Dora Heldt

Da fällt mir noch was ein ...

Von pummeligen Hummeln, Männern am Telefon und anderen weltbewegenden Fragen

dtv

Ausführliche Informationen über
unsere Autoren und Bücher
www.dtv.de

Von Dora Heldt sind bei dtv
folgende Kolumnenbände erschienen:
Jetzt mal unter uns (21509)
Im Grunde ist alles ganz einfach (21644)

Originalausgabe 2018
2. Auflage 2018
© 2018 dtv Verlagsgesellschaft mbH & Co. KG,
München
Dieses Werk wurde vermittelt durch die Literarische Agentur
Thomas Schlück GmbH, Hannover.
Umschlaggestaltung: dtv unter Verwendung
eines Bildes von Markus Roost
Illustrationen im Innenteil: Julia Knödler
Gesetzt aus der Joanna MT 10,5/15
Satz: C. H. Beck.Media.Solutions, Nördlingen
Druck und Bindung: CPI books GmbH, Leck
Gedruckt auf säurefreiem, chlorfrei gebleichtem Papier
Printed in Germany · ISBN 978-3-423-21744-6

Inhalt

Immer diese Vorsätze

So, jetzt ist das neue Jahr schon ein paar Wochen da, und ich fange langsam an, mich zu entspannen. Mein Kühlschrank ist inzwischen wieder frei von jedweden weihnachtlichen Lebensmitteln, der Keksberg ist aufgegessen. Marzipan habe ich, weil ich es nicht mag, verschenkt, das rot-goldene Verpackungspapier und die blinkenden Tannenbäume als Sondermüll entsorgt. Die restlichen Tannennadeln sind mit dem letzten Staubsaugerdurchgang verschwunden, die Geschenke in der Wohnung verteilt bzw. eingeräumt, die Dekoration ist im Keller, der neue Kalender an der Wand: Jetzt kann das neue, leichte, schöne, mit besten Horoskopen versehene Jahr kommen. Fast zumindest, denn noch gibt es eine Art dunkle Zwischenzeit, die mich wie immer von der neuen Leichtigkeit abhält. Durch die muss ich noch durch. Noch halten sich nämlich die meisten an ihre guten Vorsätze. Wie gesagt, noch. Das ist eben diese dunkle Zwischenzeit. In der alle sich quälen.

Die beliebtesten Vorsätze sind wie immer: mit dem Rauchen aufhören, weniger essen und mehr Sport machen. Wie an jedem neuen Jahresanfang schnürt sich mein Liebster jetzt dreimal in der Woche die Sportschuhe, um laufen zu gehen, sonst läuft er nur entspannt nach Lust und Laune. Seitdem tut ihm die Hüfte weh, und er hat sich erkältet. Aber wie. Was die Laune schlecht und seine guten Vorsätze zur Qual macht.

Nele wollte komplett auf Zucker, Kohlenhydrate und Alkohol verzichten. Das macht sie auch noch, lehnt aber jedes Treffen und jede Einladung ab, weil sie nicht in Versuchung kommen will. Stattdessen sitzt sie jetzt Möhrchen und Gurken kauend allein auf dem Sofa und sieht sich Tierfilme an, weil da nicht getrunken und gegessen wird. Zwei meiner Kollegen sprechen überhaupt nicht, weil sie die ganze Zeit ans Rauchen denken, das finde ich jetzt nicht so schlimm, weil sie früher auch nicht mit uns gesprochen haben, wenn sie rauchen waren. Anna und Axel wollen kein Auto mehr fahren, deswegen können wir sie im Moment nicht treffen, sie wohnen wirklich in der Pampa, und ich sehe nicht ein, dass ich mich immer auf den Weg zu ihnen mache. Und dann noch allein, weil mein Liebster sich im Moment ja abends überhaupt nicht mehr bewegen kann. Und schlecht gelaunt, wie er ist, das auch gar nicht versucht. Und Nele fürchtet sich vor Verführungen, weil Anna so gut kocht.

Ich habe mir übrigens gar nichts vorgenommen. Höchstens, dass ich mich weniger aufregen will. Und wenn Nele und mein Liebster langsam wieder normal werden, schaffe ich das auch. Sie müssen nur an ihren Vorsätzen scheitern. Das machen wir doch alle. Dann ist die dunkle Zwischenzeit vorbei. Und man kann sich nächstes Jahr wieder dasselbe vornehmen. Bis dahin ist es ja noch lang. Noch unaufgeregt grüßt

Ihre Dora Heldt

Reicht das auch?

Die Weihnachtsfeiertage mit der anschließenden Silvestereinladung sind für die meisten schon seit ein paar Wochen Geschichte, bei mir haben sie sich erst jetzt erledigt. Ich habe nämlich gestern Abend die letzten Reste aufgetaut und, vor allen Dingen, auch aufgegessen. Ich glaube, dass sich die Fähigkeit, sinnvoll und in den richtigen Mengen einzukaufen, in der frühen Kindheit entwickelt. Vielleicht ist das mein Problem, ich habe in dem Alter die Einkäufe immer mit meiner Mutter und meiner Großmutter gemacht. Und die kauften viel ein. Besonders vor Weihnachten. Weil an diesen Tagen immer viel gegessen wurde und die Geschäfte an den Feiertagen geschlossen waren. Da musste man auf der sicheren Seite sein. Stellen Sie sich ein Weihnachtsessen vor, bei dem die Soße misslingt, weil man kein Mehl mehr hat. Oder die Kartoffeln knapp werden. Oder der Nachtisch aus Vanilleeis besteht, aber ohne Schlagsahne. Oder die Butter ausgeht. Am zweiten Feiertag. Undenkbar. Also wurde bei uns gehortet.

Und das mache ich noch heute. Der feine Unterschied ist nur, dass wir inzwischen die Feiertage auf verschiedene Haushalte verteilen und keiner von uns in die Verlegenheit kommt, drei Tage plus Silvester plus die Tage dazwischen 20 Leute zu ernähren. Aber ich kaufe noch so ein. Ich mache mir natürlich Listen, die sich auf die geplanten Rezepte und eigentlich auch auf die benötigten Mengen beziehen, aber spätestens zwei Tage vorher gerate ich in Panik, inspiziere die Einkäufe, finde den Braten zu klein, den Kartoffelsack zu leicht, das Gemüse zu wenig, überlege, wie viele Brötchen ein erwachsener Mann durchschnittlicher Größe und Gewicht morgens essen kann, zähle die Männer durch, verfahre genauso mit den Frauen und kaufe noch zwei Tüten Tiefkühlbrötchen dazu. Für die Mengen an Brötchen reichen der gekaufte Aufschnitt und der Käse wiederum nicht, also wird draufgepackt, und wenn man schon mal losmuss, kann man auch gleich das Fleisch und das Gemüse aufstocken und sicherheitshalber auch noch Fisch kaufen, falls doch noch jemand in den letzten Wochen Vegetarier geworden ist.

Die Reste kann man einfrieren. So. Und deshalb muss ich wochenlang meine eingefrorenen Vorräte aufbrauchen, nur weil ich beim Einkaufen falsch programmiert wurde. Jedes Jahr nehme ich mir vor, im nächsten Jahr alles anders zu machen. Aber es geht nicht. Jetzt habe ich mir neue Eierbecher gekauft. Auch schon für Ostern. Und zwar zwölf. So viele Leute essen bei mir aber nie zusammen Eier. Deshalb habe ich mir vorgenommen, ab jetzt jedem Gast die freundliche Frage zu stellen: »Ein Ei?« Vielleicht kommen die Eierbecher so öfter auf den Tisch.

Beim Beschriften von Gefrierbeuteln grüßt

Ihre Dora Heldt

Wetter ist immer

Nele hat mich gefragt, ob ich eigentlich noch eine vage Erinnerung daran habe, wie wir damals die Wetterkapriolen ohne diese exakten Vorhersagen überlebt haben. Ich habe einen Moment nachgedacht und geantwortet, dass es eigentlich gar nicht so schwer gewesen ist. Meine Eltern sahen sich abends die Wettervorhersagen im Fernsehen an, am nächsten Morgen ging meine Mutter kurz vor die Haustür, betrachtete den Himmel und teilte uns mit, dass wir eine Regenjacke, eine Mütze oder Handschuhe brauchten, und ging wieder rein. Regen konnte man schon an den Scheiben erkennen, Schnee auch, und bevor Sturm kam, hörte man das von einem Nachbarn, dem die Knochen wehtaten. Es war sehr einfach. Im Gegensatz zu heute. In Zeiten der Strömungsfilme, der exakten Wetterbeobachtung und den daraus folgenden Schlagzeilen.

Nele musste nämlich vor einigen Tagen nach München fliegen. Deswegen verfolgte sie etwas nervös die Zeitungsmeldungen, die in großen Buchstaben vor der bevorstehenden Eispeitsche mit der nachfolgenden Killerschneefront warnten. Ganz Deutschland würde in Gefahr schweben, es käme einiges auf uns zu. Die ohnehin unter Flugangst leidende Nele warf daraufhin ihre Pläne um, buchte für viel Geld kurzfristig ein Hotel, stornierte ihren Flug und fuhr stattdessen mit der Bahn, weil sie das Flugzeug im Geiste schon auf der eisgepanzerten Landebahn in den Tod schlittern sah. Als sie endlich mit einer Verspätung von 15 Minuten in München ankam, schickte sie mir ein Handyfoto. Menschen ohne Mütze, die bei leichtem Regen und vier Grad vor dem Bahnhof standen. Nele war gerade noch mal davongekommen. Dafür war es im Norden ganz anders. Wir hatten nämlich Sturm, und auf meinem Balkon kippte eine winterharte Pflanze samt Topf um. Der Topf ist kaputt, Sturmschaden. Zu dem Thema gab es abends auch im Fernsehen eine Sondersendung, obwohl es im Winter eigentlich immer Stürme gibt, auch ganz schlimme. Und dieser war dann doch eher ein normaler. Trotzdem hat Nele auch ihren Rückflug storniert, weil sie im Hotel eine Sondersendung gesehen hat. Sie hieß »Orkan über dem Norden«, und Nele hat sofort bei mir angerufen und erleichtert gehört, dass ich noch ein Dach habe und nicht evakuiert wurde.

Sie wollte trotzdem nicht fliegen, weil ja auch mörderische Windhosen befürchtet wurden. Deshalb musste ich sie auch nicht am Flughafen abholen, sondern bin bei schönstem Wetter und leichtem Wind einkaufen gegangen. Dabei ist mir eingefallen, dass meine Mutter im letzten Februar auf einen Schwarm Wildgänse am Himmel gezeigt und gesagt hatte, dass es keinen Schnee mehr gibt, wenn die Gänse kommen. Ich habe für die Fahrt von meinen Eltern nach Hause fünf Stunden gebraucht, weil die Autobahn wegen Schneeverwehungen gesperrt wurde. Gut, dass die Vorhersagen heute besser sind. Mit Blick auf die Wetterkarte grüßt

Ihre Dora Heldt

Muss ich haben!

An dieser Stelle gebe ich zu, dass ich sehr empfänglich für gute Werbung bin. Das war ich schon als Kind. Da reichte ein niedlicher Teddybär, um mich zum Kondensmilch-Fan zu machen, ich wollte nur eine ganz bestimmte Marke als Familienauto und bestand auf wenige Brotaufstriche oder Joghurtsorten. Inzwischen glaube ich natürlich nicht mehr alles, was mir die Werbung verspricht, das wäre ja noch schöner, und ich bin schließlich viel zu klug, erfahren und kritisch, um mich von anderen in meinen Einkaufsentscheidungen manipulieren zu lassen. Die treffe ich heute selbst. Die meisten jedenfalls. Es gibt nur einen kleinen Zeitkorridor, in dem das anders ist. Und zwar ganz anders.

Einmal im Jahr nämlich fahre ich mit fünf Freundinnen an die Ostsee. Unter dem Deckmantel eines Yogawochenendes verbringen wir ein paar Tage in einem Ferienhaus, sitzen bis mittags in Schlafanzügen vor Kaffeetassen, gehen spazieren, kochen gemeinsam, trinken Sekt und Rotwein, machen, wenn Zeit dafür ist, manchmal ein kleines bisschen Yoga und erzählen uns ansonsten, wie man sich das Leben schön und einfach machen kann. Und was es so Neues gibt. In der Welt, in der Liebe, in den Geschäften. Und in jedem Jahr gibt es etwas, das eine von uns entdeckt hat und das durch eine seltsame Eigendynamik plötzlich so dermaßen lebenswichtig für alle wird, dass wir spätestens am zweiten Tag in eine nervöse Hektik verfallen.

Vor ein paar Jahren erwähnte eine Freundin beim gemeinsamen Kochen, dass sie mit einem bestimmten Küchengerät unglaublich viele Dinge erledigen könnte. Während wir uns mit den ferienhauseigenen Küchengeräten abmühten, lauschten wir fasziniert den Schilderungen der Einsatzmöglichkeiten dieses Geräts, bis sich niemand von uns mehr vorstellen konnte, wie man bis heute ohne dieses Teil kochen konnte.

Im Jahr danach ging es um einen bestimmten Überlack, den bislang nur eine von uns benutzte, natürlich die, deren manikürte Nägel keine einzige Macke aufwiesen. Jetzt haben wir ihn alle. Der Wäscheladen in der Nähe des Dorfs freute sich im letzten Jahr über eine überfallartige Invasion kaufwütiger Frauen, die alle dasselbe BH-Modell haben wollten. Ich weiß nicht mehr, warum fünf von uns vorher so falsche Wäsche getragen haben.

Auch der Hinweis auf einen neuen Puder, Gelsohlen in Schuhen, besondere Strumpfhosen, die Wirksamkeit einer uns unbekannten Gesichtslotion oder die Adresse eines Bettdeckenherstellers hat unser Leben eindeutig schöner gemacht. Und uns auch. Beim letzten Mal war das Objekt der Begierde Katrins Unterlippenstift. Damit die Lippenfarbe länger hält. Den haben wir jetzt alle. Mit Grüßen an die Werbeindustrie, die sich von uns eine Scheibe abschneiden kann, grüßt kussecht

Ihre Dora Heldt

Na, dann danke

Neulich in der Umkleidekabine des Sportclubs: Ich hatte bereits geduscht und war eingecremt und fing gerade an, mich anzuziehen, als eine Frau grußlos nach dem Sport in die Umkleidekabine gestürmt kam, die Tür ihres Schranks aufschloss, sich bückte, um in die Schuhe zu schlüpfen, und sich beim Hochkommen mit Schmackes den Kopf an der offen stehenden Tür rammte. Nach einigen lautstarken Flüchen fing sie an zu taumeln und wurde blass. Die neben mir stehende Frau war schnell, griff sofort zu, legte die Schwindelige auf eine Bank, hob die Füße hoch und erteilte Befehle an die Umstehenden. Mittlerweile stöhnte die Schwindelige vor sich hin und flüsterte, dass sie keinen Arzt wollte, sondern ihren Mann, der praktischerweise Arzt war und in der Sauna auf sie wartete.

Inzwischen war schon jemand mit Eis und Wasser eingetroffen, ich bekam den Befehl, den Ehemann zu suchen, warf mir also wieder den Bademantel über und rannte los. Ich musste sieben fremde Männer ansprechen, einige nackt in den Saunen, einige in Bademänteln, bis ich den richtigen hatte. Mit sanfter Stimme, um keine Panik aufkommen zu lassen, führte ich ihn zu seiner schwindeligen Frau, die er sofort fachmännisch untersuchte. Währenddessen nahm er noch meine Wasserflasche, das Handtuch einer Umstehenden und schob eine fremde Tasche rigoros mit dem Fuß zur Seite.

Wir, inzwischen drei Helferinnen, warteten besorgt die Diagnose ab. Die fiel glimpflich aus. Er sagte dreimal »Liebling«, fand alles nicht so schlimm, half ihr in den Bademantel und führte sie in Richtung Sauna. Und das, halten Sie sich fest, ohne ein einziges Wort zu den Umstehenden. Weder ein Dank noch eine Erklärung, noch ein fröhliches »Schönes Wochenende«. Nichts. Gar nichts. Anscheinend hielt er es für unser Hobby, fremden Frauen die Beine hochzuhalten und nackte Männer in der Sauna anzusprechen. Und unsere Pflicht. Er war eben Arzt. Und sie Arztehefrau. Die schnelle, zupackende Frau zuckte nur die Achseln und meinte, dieses Benehmen käme vielleicht vom Schwindel. Das hoffen wir dann mal. Und wünschen gute Besserung.

Auf dem Heimweg habe ich mich erst geärgert. Und dann fühlte ich mich ein bisschen schlecht, weil man natürlich nicht nur helfen sollte, um einen Dank zu kassieren. Und dachte an all die ehrenamtlichen Helfer, die überall zupacken und das oft ohne besondere Anerkennung. Und ich rege mich über so eine Kleinigkeit auf. Das ist unmöglich. Ich werde mich bessern. Versprochen. Aber trotzdem, beim nächsten Mal kann sie ihren Mann selbst suchen. Mit einem immer noch verständnislosen Kopfschütteln, aber mit Bewunderung für alle selbstlosen Helfer grüßt

Ihre Dora Heldt

Leben wie im Film

Nele hat sich vorgenommen, im Fernsehen nur noch Nachrichten, Sport- und Tiersendungen zu sehen. Ab sofort. Auf keinen Fall mehr Spielfilme, in denen Singlefrauen auftauchen, mit denen sich eine ebenfalls allein lebende Frau identifizieren soll. So wie Nele das immer macht. Damit ist jetzt Schluss, sagt sie, sie boykottiert die schönen Bilder, weil bei ihr im richtigen Leben einfach alles anders aussieht. Wirklich alles.

Die meisten Film-Singlefrauen wohnen zum Beispiel häufig in Wohnungen mit Holzfußböden und bodentiefen Fenstern. Sie haben eine offene Küche, von der ein Balkon oder ein gepflegter Garten abgeht, und vor der Tür steht ein Cabrio. Nele hat Laminat, normale Fenster, eine kleine Küche mit Tür und einen Balkon vor dem Wohnzimmer. Ihr Auto ist gebraucht und hat ein Dach. Also ganz anders. Wenn Film-Singlefrauen traurig sind, gehen sie in blütenweißen Bademänteln auf dem gebohnerten Holzboden in weißen Stricksocken durch die blitzblanke Wohnung, einen Becher Kaffee in der Hand, während hinter den bodentiefen Fenstern die Sonne scheint.

Nele hält es für unmöglich, dass weiße Stricksocken auf Laminat weiß bleiben und Kaffee dem Blütenweiß des Bademantels auf Dauer guttut. Wenn die Film-Singlefrau abends nachdenkt, dann macht sie es in der Badewanne. Auf dem Rand der Wanne stehen 233 brennende Teelichter, aus der Anlage schallt Opernmusik, in der Hand hält sie ein Glas Champagner, und als Höhepunkt ruft der Prinz sie auf dem Handy an. Neles Badewannenrand ist abgerundet, sie kann die Anlage aus dem Wohnzimmer nicht so laut aufdrehen, dass man sie nur im Bad und nicht im ganzen Haus hört, Champagner wird in der Wanne warm, und mit nassen Fingern ein Telefonat annehmen ist eine Kunst, die nicht jeder beherrscht. Noch mehr Beispiele?

Das erste Date findet meistens in einem Restaurant am Wasser statt. Gern auf einer Terrasse, Windlichter an jeder Ecke, das eine oder andere Boot, das vorbeisegelt. Die Film-Singlefrau hat eine windfeste Frisur, isst Salat und hat nie Kerbel zwischen den Zähnen. Das ist Nele und mir noch nie passiert. Und dann kommen auch noch die Einkaufsszenen. Wenn eine Fernseh-Singlefrau vom Einkaufen kommt, hat sie immer einen Korb in der Hand, aus dem mindestens fünf Stangen Lauch ragen. Welche Singlefrau isst so viel Lauch? Nele jedenfalls nicht.

Also fassen wir zusammen: Die Fernseh-Singlefrau ist eben eine Fernseh-Singlefrau und keine echte. Deshalb muss sie auch in unzähligen Filmen in der Badewanne liegen, auf Socken durch die blitzblanke Wohnung gehen, auf zugigen Terrassen sitzen und jede Menge Lauch essen. Immer wieder. Da haben wir normalen Frauen es doch viel besser. Allein schon 233 Teelichter anzünden. Wer will das denn? In diesem Sinne, mit Grüßen auch an Nele

Ihre Dora Heldt

Früher war es anders

Meine Patentochter ist Mitte zwanzig und hat neulich mit den Augen gerollt, weil ihre Mutter und ich über alte Zeiten geredet haben. Dabei war es ein ganz lustiges Gespräch, in dem es unter anderem darum ging, dass wir als Jugendliche nicht trampen durften, am häuslichen Telefon ein Schloss hing, um Ferngespräche zu verhindern, und kein männliches Wesen über zwölf über Nacht bleiben durfte. Kurz: Alles war anders. Nicht unbedingt besser, aber anders. Das Patenkind rollte weiter mit den Augen und bemerkte, dass nur alte Leute beständig über Vergangenes reden, es wäre ja unerträglich. Das wiederum fanden wir unmöglich, als wären wir alt und würden an der Vergangenheit kleben. Ganz im Gegenteil, wir wären so tolerant, hätten ein großes Herz und viel Verständnis für sie und ihre Altersgenossen. Und wären so sehr aufgeschlossen für alles Neue und in großer Bewunderung für die junge Generation.

Mit einem resignierten »Ja, ja« verließ das Kind den Raum, nicht ohne uns vorher die Stichworte »Flugangst« und »Orthopädie« zugeworfen zu haben. Dabei ist das nun wieder etwas ganz anderes. Ich habe ihr nur erzählt, dass ich nicht so wahnsinnig gern fliege. Ich mache es, wenn es sein muss, aber es ist einfach nicht meine liebste Fortbewegungsart.

Auf das Thema sind wir gekommen, weil ich beim letzten Mal den Flugkapitän beim Einsteigen gesehen habe. Er stand lächelnd im Gang und sah aus wie 17. Fand ich zumindest. Und habe ihn in meiner Nervosität tatsächlich nach seinem Alter gefragt. Die freundliche Antwort »28« machte es nicht besser, weil ich sofort nachgerechnet habe, dass ich bei seiner Geburt schon vier Jahre mit meiner Ausbildung fertig war. Gut, ich hätte nicht mit »Ach du Schande« reagieren müssen, aber ich war eben nervös. Genauso nervös wie die Mutter meines Patenkindes, die wegen andauernder Rückenschmerzen zum Orthopäden musste. Der war sehr nett und hatte eine schöne Praxis, war aber nicht unwesentlich älter als ihre Tochter. Und da meine Freundin ja weiß, wie albern und unkonzentriert ihr Kind immer noch sein kann, hat sie lediglich gefragt, wie oft er denn diese Untersuchung schon gemacht hätte und ob in der Praxis jetzt jemand wäre, den er fragen könnte. Nur falls er etwas nicht verstehe. Da war er dann auch gleich beleidigt.

Natürlich weiß ich, dass man das nicht macht. Aber ganz im Ernst, das ist uns doch auch passiert. Mein Vater lässt sich bis heute nicht gern von mir im Auto fahren, weil ich so wenige Fahrstunden hatte. Vor 35 Jahren. Obwohl ich eine gute Autofahrerin bin. Aber wahrscheinlich sieht er mich immer noch mit Stützrädern am Fahrrad. Das bekommt man nur schwer aus dem Kopf. Diese Kinderbilder. Da nützt weder ein großes Auto noch ein weißer Kittel noch die Pilotenuniform. Da geht es einfach nur ums eigene Überleben. Das Augenrollen ignorierend grüßt

Ihre Dora Heldt

Bloß kein Mathe

Es gibt einen Satz, der mich regelrecht aggressiv macht. Er wird gern von Chefs oder Abteilungsleitern benutzt, ist als Anklage oder zumindest als eine Aufforderung gemeint, klingt eigentlich nur blöd und lautet: »Da haben Sie wohl Ihre Hausaufgaben nicht gemacht.« Ich hasse diesen Satz. Er beleidigt mich Ich muss nämlich keine Hausaufgaben mehr machen, egal, wie es gemeint ist. Ich bin damit eigentlich durch. Da bin ich mir sicher. Bis auf die Tage, an denen ich aus diesem immer wiederkehrenden Traum aufwache. Ich träume ihn nicht dauernd, aber er taucht in regelmäßigen Abständen auf und macht mich fertig. Und er ist immer gleich.

Ich träume, dass ich gut gelaunt zu einem Schultreffen fahre. Alle möglichen Leute sind da, ich freue mich wahnsinnig, sie wiederzusehen. Es gibt wunderbare Unterhaltungen, den einen oder anderen kleinen Flirt, und dann plötzlich taucht mein alter Mathematiklehrer auf, klatscht in die Hände und fordert alle auf, in den Klassenraum zu kommen, weil wir jetzt anfangen wollen. Auf meine gut gelaunte Nachfrage, was er denn meine, kommt die Antwort: »Wir schreiben jetzt die Abiturklausur in Mathe, das wisst ihr doch.« An dieser Stelle bekomme ich einen Schweißausbruch, rede wie wild auf die anderen ein, dass das doch ein Missverständnis wäre, ich hätte seit Jahren in kein Mathebuch gesehen und mich nicht mehr damit beschäftigt. Aber statt Verständnis ernte ich nur seltsame Blicke und den Hinweis, dass alle anderen schon seit Monaten wieder im Unterricht waren, nur ich hätte gefehlt. Dann müsste ich es eben jetzt so versuchen.

Mit Glück wache ich in diesem Moment auf. Es ist ein Albtraum. Und ich weiß nicht, was er bedeutet. Wenn im Traum die Zähne ausfallen, verabschiedet man sich von etwas; wenn man von Blumen träumt, kommt die Liebe; wenn man Koffer packt, steht man vor einer Veränderung. Es ist ja nicht so, dass wir uns noch nie mit Traumdeutungen befasst hätten. Aber diese grauenhafte Matheklausur, die mich so fertigmacht, die ist mir ein Rätsel. Zumal ich zwar immer schlecht in diesem Fach, aber wenigstens zuverlässig im Unterricht gewesen bin. Und dann das. Weil nämlich wieder irgendjemand zu mir gesagt hat, ich hätte wohl meine Hausaufgaben nicht gemacht. »Doch«, möchte ich am liebsten schreien. » Aber das letzte Mal vor 35 Jahren. Und richtig gut war die Klausur trotzdem nicht.«

An dieser Stelle versuche ich, mich immer wieder zu beruhigen, und sage mir, dass das alles lange her ist, ich mein Abitur trotz Mathematik bestanden habe und mich nicht mehr aufregen muss. Andererseits findet in diesem Frühling tatsächlich seit langer Zeit wieder ein Abiturtreffen statt. In den Räumen unseres Gymnasiums. Hoffentlich geht das gut. Mit leichten Befürchtungen und einer Entschuldigung an alle meine Mathematiklehrer.

Ihre Dora Heldt

Ein Hauch von Rosa

An dieser Stelle habe ich sehr lange kein Wort zum Thema Fehlkäufe geschrieben. Das hatte einen ganz einfachen Grund: Es gab keine. Ich habe seit Monaten keinen einzigen Fehlkauf getätigt. Darauf bin ich stolz, heißt es doch, dass ich meinen Kleiderschrank im Blick habe. Der ist jetzt nämlich sortiert nach Farben, nach Jahreszeiten, nach Jacken, Hosen, Kleidern, Röcken und Blusen. Ich habe im Kopf, was hier noch fehlen könnte, und war deshalb immun gegen spontane Textilverführungen. Bis auf einen einzigen Tag. Da habe ich die Nerven verloren. Es war am Flughafen, meine Maschine hatte eine Stunde Verspätung, ich war sowieso zu früh, musste also plötzlich Zeit überbrücken und ging deshalb durch die Ladenpassage.

Das Wort »Sale« setzt aus irgendeinem Grund Hemmschwellen herunter, davon bin ich mittlerweile fest überzeugt. Ob es eine Hormonausschüttung verursacht oder Stress, auf keinen Fall eine Gelegenheit im Leben zu verpassen – dieses Wort geht sofort ins Hirn. Deshalb betrat ich einen der teuersten Läden und sah eine sehr reduzierte Lederjacke in einer Farbe, die überhaupt nicht in meinem Schrank existiert. Rosa. Die Verkäuferin belehrte mich, dass es sich hier um »Puderrosé« handelt, eine gerade für den Sommer sehr angesagte Farbe. Geht zur weißen Hose, zu Jeans, eigentlich zu allem. Und das zu einem sensationellen Preis, das wäre ja kaum zu toppen. Im ersten Moment dachte ich noch daran, dass ein Freund mal gesagt hat, Rosa sollte man als Frau nur unter sechs Jahren und über 60 tragen. Ich wischte diesen überheblichen Satz sofort aus meinem Kopf, dachte nur an »Puderrosé« und »Sale« und kaufte.

Das ist drei Monate her. Zu Hause kamen die Zweifel zurück, die Jacke sah in meinem Schlafzimmer einfach rosa aus, und ich fragte mich, wann um alles in der Welt ich die anziehen sollte. Jetzt habe ich es getan. Auf einer Veranstaltung. Als Nele mich abholte, entschuldigte ich mich sofort für die Farbe und erklärte den Grund für diesen Kauf. Nele kniff die Augen zusammen und sagte, die Jacke wäre doch hellgrau, zumindest zu diesem Kleid. Sie würde überhaupt kein Rosa darin entdecken, sich nur wundern, dass ich mir eine zweite hellgraue Lederjacke gekauft hätte, die alte wäre doch sehr schön. Während der Veranstaltung kam eine Kollegin auf mich zu, die kurz das Leder befühlte und nickte. Das sei ja eine interessante Farbe, wie die denn hieße. Bei der Auskunft »Puderrosé« schüttelte sie energisch den Kopf und meinte, die wäre doch eher creme, zumindest hier in diesem Licht. Oder beige. Aber nicht schlecht.

Der überhebliche Freund war auch da. Nach meiner Erklärung zu dieser Jacke sagte er »Leberwurst-Umbra«. Ich sag ja, er ist überheblich. Aber das schöne Ergebnis: Es war kein Fehlkauf. Die Farbe wechselt mit Licht und Betrachter. Und jetzt habe ich eben zwei graue und zwei cremefarbene Jacken. Aber so reduziert. Mit einem Hauch Rosa grüßt

Ihre Dora Heldt

Was die alles weiß

Wir waren am Wochenende mit sechs Frauen an der Ostsee. Wir kennen uns seit Jahren, dieses Wochenende findet einmal im Jahr statt, wir freuen uns darauf, und ich habe immer ein Notizheft mit, weil mindestens eine Kolumne dabei herausspringt. Und so war es auch dieses Mal. Das Thema: Manche Frauen atmen Informationen ein. Diese steile These stelle ich einfach mal auf. Stellen Sie sich folgende Situation vor: Vier von uns waren noch auf der Anreise oder einkaufen, eine von uns war im Garten, und eine empfing die Dame der Verwaltung unseres gemieteten Ferienhauses. Am Abend erzählte Freundin C. uns, die wir das schöne Haus bewunderten, dass die Besitzer des Hauses drei Kinder haben, zweimal im Jahr hier Urlaub machen, sie nannte uns die Berufe des Ehepaars, die Namen der Kinder und Hunde, sprach von leichten Eheproblemen und den Eltern der Frau, die auch in der Nähe ein Haus hätten. Wir verfolgten interessiert die Schilderungen, nur Freundin K. war irritiert und sagte, dass die Dame keine fünf Minuten hier gewesen war, sie selbst sei ja nur kurz im Garten gewesen und hätte sie gar nicht mehr gesehen. C. hat die Zeit gereicht. Am nächsten Tag wollten wir gern in eine Sauna, wir wussten aber noch nicht, wo es in der Gegend eine gab. Freundin B. fuhr erst mal mit dem Fahrrad zum Brötchenholen, nach zehn Minuten kam sie zurück, hatte die Adresse der Sauna, konnte uns die Öffnungszeiten und Preise sagen, kannte die Namen der Besitzer, die aus einer Großstadt hierhergezogen waren, um die Sauna zu eröffnen, wusste auch, warum und dass einer der beiden geschieden und alleinerziehend war. Erzählte uns alles und fing an zu frühstücken.

Freundin K. beugte sich zu mir und flüsterte, dass allein der Weg mit dem Fahrrad zum Bäcker sieben Minuten hin und zurück dauerte, diese ganzen Informationen wären also innerhalb von drei Minuten geflossen. Wir waren beeindruckt. Abends sind wir mit dem Großraumtaxi nach dem Essen in unser Haus zurückgefahren. Direkt hinter dem Taxifahrer, eine Reihe vor den anderen, saßen Freundinnen C. und B. Der Taxifahrer war noch nicht vom Hof des Restaurants gefahren, als die beiden ihm bereits drei Fragen gestellt hatten. Wir konnten nicht alles verstehen, nur, dass es um den Vergleich der Taxifahrer aus Hamburg mit denen von der Ostsee ging und irgendwas mit Ferienhäusern zu tun hatte.

Die Fahrt kostete keine 20 Euro, sie war also nicht übermäßig lang, zwischendurch musste der Fahrer auch noch mit der Zentrale telefonieren, aber für C. und B.

hat es gereicht. Als wir ausstiegen, wussten sie den Familienstand des Fahrers, seinen Geburts- und Wohnort, sein Lieblingsgetränk und seine Ausgehgewohnheiten. Es war unheimlich. Wir glauben, die beiden atmen das einfach ein. Was für ein Talent. Mit zwei verlässlichen Datenbanken im Freundeskreis grüßt

Ihre Dora Heldt

Männer am Telefon

Männer, die gern telefonieren, kenne ich relativ wenige. Im Gegensatz zu Frauen, die können das stundenlang. Meiner Überzeugung nach ist dieses Phänomen genetisch bedingt. Das geht schon in der Kindheit los, das habe ich auch neulich bei meinen Patenkindern beobachtet. Lena (zehn) ist kaum von der Schule zu Hause und maximal zehn Minuten räumlich von ihrer besten Freundin getrennt, da klingelt bereits das Telefon, und es wird eine halbe Stunde gekichert, gekreischt und geflüstert, bis ein Erwachsener dazwischengeht, weil das Essen kalt wird. Ihr Bruder Jakob (acht) braucht für ein Telefonat mit seinem Kumpel nur so lange, bis er die Wörter Ja, Wann und Tschüss gesagt hat. Kurz und knackig, hier geht es um puren Informationsaustausch.

Und das setzt sich im Alter fort. Mein Vater geht nur ans Telefon, wenn meine Mutter unterwegs ist. Er meldet sich meistens mit dem Satz »Deine Mutter ist nicht da« und legt wieder auf. Wenn ich etwas von ihm will, was durchaus vorkommt, muss ich immer ein zweites Mal anrufen und dann sofort eine Frage stellen, die er kurz beantworten kann. Wenn sich ein längeres Gespräch abzeichnet, schlägt er vor, das doch zu besprechen, wenn ich mal wieder da wäre. So am Telefon sei das doch blöd. Finde ich nicht. Man kann sich doch mal unterhalten. Das will er aber nicht. Zumindest nicht am Telefon.

Letzte Woche musste er auch rangehen, weil meine Mutter im oberen Stockwerk bei lauter Musik bügelte und auch auf sein mehrfaches »Telefon!« nicht die Treppe runtersprintete. Als sie etwas später dazukam, telefonierte er immer noch, wirkte genervt und sagte wiederholt: »Nein, Sie brauchen nichts mitzubringen. Kommen Sie einfach so vorbei. Ja, wirklich, das machen andere auch. Einfach so, ohne was.« Auf die Frage meiner Mutter, mit wem er denn gesprochen hätte, zuckte er mit den Schultern und sagte, es wäre irgendeine Frau gewesen, die so schnell und viel geredet hätte, er hätte sie kaum verstanden. Und sie wolle vorbeikommen, ihm wäre aber nichts als Mitbringsel eingefallen.

Als meine Mutter die hinterlegte Nummer anrief, war am anderen Ende die etwas verzweifelte Mitarbeiterin einer Tiefkühlfirma, die nur eine Bestellung abrufen wollte. Die ausgefüllte Liste lag neben dem Telefon, meine Mutter konnte sie dann in einem halbstündigen, sehr herzlichen Telefonat wieder beruhigen. Danach wusste sie auch, wie das Wetter dort ist, und hat mich anschließend angerufen, weil sie wusste, dass ich in die

Gegend musste. Damit ich eine Regenjacke einpacke. Es war sozusagen ein reiner Informationsaustausch. Bis mein Vater kam, weil er etwas suchte, und fragte, mit wem sie denn jetzt seit einer Stunde reden würde. Er versteht es einfach nicht. Es sind die Gene. Da kann er gar nichts machen. Mit einer Hand am Hörer grüßt

Ihre Dora Heldt

Da seid ihr ja wieder

Gerade hatte ich Abiturtreffen. Das ist nichts Besonderes, das haben viele, aber in meinem Fall war es das erste nach über drei Jahrzehnten. Ich wurde zwar zu den früheren Treffen eingeladen, musste aber immer aus Termingründen absagen und habe deshalb nur die Bilder von früher im Kopf. Und da sahen wir alle vermutlich anders aus als heute. Ganz anders. Meine ehemaligen Mitschüler haben sich allerdings in den letzten Jahren mehr oder weniger regelmäßig gesehen, die kennen auch die aktuellen Gesichter. Bis auf meines. Und ich kenne ihre nicht.

Also schoss mir irgendwann der Gedanke durch den Kopf: Jetzt sehen die dich das erste Mal wieder und fallen um. Weil du plötzlich so alt geworden bist. Die sind ja nicht schrittweise mitgegangen. Die sehen ja nur das Ergebnis. Ab dem Moment hatte ich schon nicht mehr besonders viel Lust. Das wurde verstärkt durch eine Liste mit Namen, Familienständen, Berufen. Da habe ich nur noch geschluckt. Verheiratet, verheiratet, verheiratet, Kinder, Kinder, Kinder, Architekten, Ärzte, Manager,

Musiker, alles dabei. Und dann komme ich, kinderlos mit Fernbeziehung und ohne akademischen Abschluss. Und dann noch alt geworden. Plötzlich. Jetzt erzählen Sie mir bitte nichts von Klischee und dass das albern wäre. Ja, es ist ein Klischee, und es ist albern, aber es stimmt. Das ist ja so ärgerlich. Da ist man ein erwachsener Mensch, der in der Lage ist, seine Wohnung instand zu halten, Geld zu verdienen, ein Auto reparieren lässt, Flüge bucht, versucht, jüngeren Menschen das Leben zu erklären, und plötzlich hat man Angst, dass Carl, Claudia, Petra oder Rüdiger einen erst komisch angucken und dann leise die anderen fragen, wer denn die mittelalte Frau an der Tür ist. Und man selbst steht an der Tür, betrachtet jede Menge andere mittelalte Menschen und fragt sich, wie man das hier überleben kann.

Ich habe mich dreimal umgezogen, mich sorgfältig geschminkt, mir vorgenommen, nur wenig zu sprechen, und das auch noch klug, und bin nervös hingefahren. Und was soll ich sagen? Der ganze Stress war umsonst. Nach spätestens zehn Minuten erkennt man die anderen. Und dann gibt das Gehirn plötzlich Erinnerungen frei. Man weiß auf einmal die Farbe von Claudias Wintermantel, kann sich an das Fahrrad von Carl und die Sporttasche von Andrea erinnern. Es kommt alles wieder. Und die ganze Anstrengung war nicht nötig. Irgendwann, nach dem dritten Wein, fiel Christiane ein, dass ich am ersten Tag der Oberstufe eine grauenhafte

Latzhose getragen hätte und ziemlich pummelig und unsicher gewesen sei, wie gut, dass diese Zeiten vorbei wären. In diesem Moment habe ich all die alten Wegbegleiter sehr gemocht. Sie haben mich schon ganz anders gesehen und erlebt, ich muss mich hier überhaupt nicht mehr anstrengen. Wie schön. Noch etwas sentimental und mit allem zufrieden grüßt

Ihre Dora Heldt

So was von romantisch

Die 17-jährige Tochter einer Freundin hat eine Woche lang heulend im Bett gelegen. Nicht, weil sie schwer krank gewesen wäre, die Klasse wiederholen müsste oder jemand im Umfeld gestorben wäre, nein, das Mädchen hatte Liebeskummer. Jede von uns hat schon mal Liebeskummer gehabt oder hat ihn gerade. Wir wissen, dass es einen tatsächlich umhaut und krank macht – aber das heulende Kind hat selbst Schluss gemacht, weil, und jetzt kommt's: Ihr Prinz war nicht romantisch. Überhaupt nicht. Und deshalb glaubt sie, es war keine Liebe, und deshalb hat sie Liebeskummer und heult im Bett.

Ihre Mutter und ich mitsamt unserer geballten Lebenserfahrung und diversen Statistiken im Kopf waren fassungslos. Romantik. Also bitte. Nur weil wir zu viele Filme gesehen, zu viele Bücher gelesen und zu viele Popsongs gehört haben, glauben wir doch nicht mehr an Romantik. 75 Prozent der Bevölkerung tun es trotzdem, zumindest bei offiziellen Umfragen. Bei derselben Gruppe kommt aber auch raus, dass jeder Vierte sich trotz seiner glücklichen Beziehung anderweitig umsieht und fast ein Drittel davon träumt, mal eine Zeit lang allein zu leben. Der Großteil glaubt, dass die Liebe auf den ersten Blick die schönste ist. Klar, geht auch am schnellsten, und man spart sich das wochenlange Überlegen und In-sich-Hineinhören. Aber wie oft passiert das? In Wirklichkeit, meine ich, nicht in der Erinnerung. Und dann der Rest. Wir kennen doch die schönen Filmszenen, in denen der Prinz für seine Angebetete die Höhenangst überwindet, sich eine Rose zwischen die Zähne klemmt und eine wackelige Feuertreppe hinaufklettert. Wollen wir das? Abgesehen von den irritierten Blicken der Nachbarn hätte ich eine Mordsangst vor seinem Absturz und dem nachfolgenden Chaos – Krankenwagen, Gips, Krankschreibung und der ganze Zirkus. Wir wollen auch nicht, dass uns jemand im Stadion vor 60 000 Zuschauern einen Heiratsantrag macht, den man dann annehmen muss, zumindest erst mal vor allen Leuten, oder dass jemand auf die Bühne springt und uns ansingt.

Das sind übrigens die romantischen Wünsche junger Frauen, die ich in einem Blog gefunden habe. Sie haben nicht darüber nachgedacht, glaube ich. Ich vergesse dauernd Geburtstage, dann kann ich es doch nicht erwarten, dass mir mein Liebster an unserem Kennenlerntag Rosenblätter in den Hausflur streut. Und überhaupt, die armen Rosen. Einfach die Köpfe auseinandergerissen. Nein, ich bin durch mit der Romantik. Der Frosch ist ja auch nicht durch den Kuss zum Prinzen geworden, sondern weil ihn die Prinzessin an die Wand geschmissen hat. Damit gingen die Irrtümer doch schon los. Andererseits hat mein Liebster mir soeben ein Foto von seinem voll beladenen Schreibtisch geschickt und geschrieben, dass er gerade an mich denkt. Hm. Mit einer momentan unsicheren Einstellung zur Romantik grüßt

Ihre Dora Heidt

Warten auf die Gäste

Meine Großmutter hatte eine Pension auf Sylt. Das klingt romantischer, als es war – sie hat im Sommer jeden Quadratmeter ihres kleinen Hauses an Feriengäste vermietet. Mit Frühstück und Ansprache. Das war anstrengend, sie hatte ihre Gäste aber gern. Die meisten zumindest. Demzufolge müsste ich also heute eine glänzende und entspannte Gastgeberin sein – weil ich diese Gastgeberleidenschaft eigentlich während meiner kindlichen Prägung eingeatmet haben sollte. Aber dabei ist irgendetwas schiefgelaufen. Ich kann es nicht gut erklären, aber mich versetzen Einladungen in Unruhe. Dabei bin ich ein sozialer Mensch und habe einen wunderbaren Freundeskreis. Meine Wohnung ist schön, meine Küche gut ausgestattet, ich koche ganz gut und auch gern für mehrere Leute. Auch ich habe Geburtstag und begehe gern Feiertage wie Ostern, Sommeranfang, Nikolaus oder Silvester und möchte dann gern Gäste einladen. Das mache ich auch, aber dann geht das Spektakel los.

Ich denke stundenlang darüber nach, was ich kochen soll. Essen alle Fisch oder Fleisch? Rotwein, Weißwein oder Bier? Oder alles? Und wenn: wie viel? Ich poliere meine Gläser, vergewissere mich, dass keine Macken am Geschirr sind, finde meine Gläser plötzlich langweilig und kaufe neue. Zähle durch, ob ich genügend Besteck habe, das zusammenpasst, und frage mich, warum ich denn bloß alle auf einmal einladen musste.

Kurz vor dem Termin werfe ich die Essenspläne über den Haufen, probiere ein neues Rezept und muss noch mal einkaufen. Ich nehme die Wohnung in Augenschein, stelle panisch fest, dass ich dringend Fenster putzen muss, falls doch die Sonne scheinen sollte, komme aber dadurch in Zeitnot, weil irgendetwas aus den neuen Rezepten vorher mariniert werden soll. Nebenbei zähle ich die Flaschen durch, komme zum Ergebnis, dass es auf keinen Fall reicht, und mache mich auf den Weg zum Getränkemarkt. Weil das wieder Zeit kostet, muss ich am Tag der Einladung sehr früh aufstehen, es bereitet sich ja nichts allein zu. Während ich durch die Wohnung eile, den Tisch decke, schnell noch eine Zimmerpflanze umtopfe, hier und da etwas umräume oder schöner dekoriere, sehe ich alle halbe Stunde auf die Uhr, rechne die verbleibende Zeit aus und frage mich verzweifelt, ob ich noch normal bin. Ich wollte nie darüber reden. Weil ich es nicht erklären konnte. Bis jetzt.

Jetzt aber habe ich gelesen, dass es in der Sprache der Inuit ein wunderbares Wort gibt: Iktsuarpok. Das bezeichnet das Gefühl des geschäftigen Wartens auf Besuch. Genau das ist es. Iktsuarpok. Ein normales Gefühl, das jeder Inuit kennt. So einfach, dass sie sogar ein Wort dafür haben. Danke, liebe Inuit, ich fühle mich verstanden. Mit geschäftigen Handgriffen, bevor es klingelt, grüßt erleichtert

Ihre Dora Heldt

In aller Ruhe

Eins der Dinge, die mich manchmal wahnsinnig machen, sind Leute, die an der Kasse stehen, scheinbar unbeteiligt zuschauen, wie ihre Waren über das Band transportiert werden, und dabei bewegungslos warten, bis sich die Packungen, das Gemüse, die Flaschen und Tüten am Ende stapeln. Erst dann fangen sie an, die Einkäufe in ihre Taschen zu packen. Das muss platzsparend, schonend und genau erfolgen, was man mit Tempo natürlich nicht hinbekommt. Das dauert. Nach einer endlosen Zeit, nämlich erst dann, wenn alle Einkäufe verstaut sind, geht die Suche nach dem Portemonnaie los. Natürlich weiterhin in aller Ruhe. Ist es endlich gefunden, folgt ein Blick auf die Kassenanzeige, dann die Frage, wie viel genau sie bezahlen müssen, und die bedächtige Suche nach passendem Kleingeld. Jede Münze wird nachrechnend gemustert, hin und her geschoben, wieder aufgenommen, nur um schließlich doch einen Schein zu nehmen.

In der Zwischenzeit hat sich eine lange Schlange gebildet, was aber keinesfalls ein Grund ist, sich einfach mal zu beeilen. Nein, einkaufen im Supermarkt soll anscheinend entspannen. Das klappt bei mir nie. Weil ich immer solche Leute vor mir habe. Meistens jedenfalls. Ich verstehe das nicht. Ich räume meine Einkäufe schon vor dem Ende des Laufbands ein, habe das Geld schon in der Hand und kann gleichzeitig einpacken und bezahlen. Das kann doch nicht so schwer sein. Es ist nur eine Frage des Ablaufs. Ich weiß doch vorher, wann ich die Sachen vom Band nehmen kann und zu welchem Zeitpunkt ich bezahlen muss. Das sind doch keine überraschenden Ereignisse, die da kommen. Aber nein, die langsamen Menschen tun so, als würde die Aufforderung, ihre Einkäufe zu bezahlen, jetzt aus heiterem Himmel kommen. Als hätten sie das noch nie erlebt. Obwohl sie schon so oft eingekauft haben. Aber das Geld vorher rauszuholen, das hätten sie noch nie gemusst.

Ich gebe zu, dass ich mich ein bisschen in dieses Problem reingesteigert habe – und dass mich das zu Verhaltensweisen bringt, die auch nicht ganz normal sind. Als Reaktion auf diesen Psychoterror an der Kasse ziehe ich inzwischen mein Portemonnaie schon beim Betreten des Ladens aus der Tasche. Es ist zwar umständlich, mit der Geldbörse in der Hand Gemüse oder Obst zu wiegen, aber das ist mir egal. Ich will nicht der Grund für Schlangenbildung an der Kasse sein. Aus demselben Grund suche ich auch meinen Parkschein bereits lange, bevor ich das Parkhaus erreicht habe. Ich bin noch mitten in der Fußgängerzone, da habe ich das Ding bereits in der Hand. Mein Liebster findet das übertrieben und hält es für eine Macke. Ich nicht. Ich kenne eben die Abläufe. Und verliere dabei keine Zeit mit Suchen. Das kann jeder lernen. Da bin ich mir sicher. Und erst dann bin ich entspannt. Etwas angestrengt grüßt

Ihre Dora Heldt

Bikinis & Jumpsuits

Den diesjährigen Sommer fand ich bis jetzt gar nicht so schlecht. Es gab zwar immer wieder mal Regen, Sturm und Gewitter, aber dazwischen hatten wir auch sehr schöne Tage, an denen man abends noch ein Glas Wein zwischen den blühenden Balkonpflanzen, auf einem Bootssteg oder in Annas Garten trinken konnte. Okay, man musste sich vielleicht im Laufe des Abends erst einen Pulli und später eine Strickjacke anziehen, aber das finde ich völlig in Ordnung. Schließlich lebe ich in Norddeutschland und nicht auf Sizilien. Und ich habe mich im Lauf meines Lebens natürlich daran gewöhnt, dass man den ganzen Winter lang Bilder im Kopf hat, auf denen Strandpartys in leichten Sommerkleidern, Segeltouren in kurzen Hosen, Sonnenuntergänge im Trägertop oder Fahrradtouren im geblümten Baumwollkleidchen abgebildet sind. Und dass es leider in Wirklichkeit gar nicht so oft passiert, dass man diese Bilder tatsächlich machen könnte.

Ich bin nun mal im Norden geboren, eigne mich nicht zum Auswandern, also, was soll ich mich aufregen? Meine Freundin Nele ist da nicht ganz so entspannt. Sie ärgert sich jeden Tag über das angeblich so schlechte Wetter. Dabei finde ich 20 Grad mit leichten Wolken ganz schön und schlafe auch besser, wenn es nachts kalt ist. Aber Nele sieht das anders. Und als Anna und ich neulich bei ihr waren, hat sie uns demonstriert, was genau ihr Problem ist. Sie hat uns auf ihr Sofa platziert, uns einen sommerlichen Cocktail gemixt, wunderbare Lounge-Musik aus einer italienischen Strandbar aufgelegt und eine Modenschau ihrer liebsten Sommergarderobe vorgeführt. Wir haben gar nicht gewusst, was für Schätze Nele in ihrem Schrank hat. Es war alles dabei. Ein grünes, rückenfreies Kleid, ein hellgelber Jumpsuit, Seidenröcke, ein weißer Leinenanzug mit bauchfreiem Top, mehrere Kleider im Ethnomuster, transparente Blusen und zu Annas großer Begeisterung ein oranges Strandkleid, zu dem Nele auch den passenden Bikini besitzt. Anna stellte sich sofort die sonnengebräunte Nele in diesem Kleid vor, barfuß am Strand oder mit sandigen Beinen in der Bar.

Und genau an dieser Stelle zeigte Nele mit dem Finger auf uns und sagte, dass das exakt der Grund wäre, warum sie gerade nur mittelgute Laune hätte. 75 Prozent ihres Kleiderschranks enthalten nämlich Garderobe für genau solche Anlässe. Dafür sei sie ausgerüstet. Für den Sommer. Im Herbst hat sie immer dieselben drei Rollkragenpullover an. Kaum Auswahl. Und jetzt, wo sie sich kaum entscheiden könnte, ist es nicht heiß genug. Ein Dilemma. Das finden wir auch. Und glauben, dass deshalb der Lagen-Look erfunden wurde. Damit man die Sommerkleider wenigstens drunterziehen kann. Mit der Hoffnung auf 30 Grad und beim Aussuchen einer Strickjacke für Nele grüßt

Ihre Dora Heldt

Wovon wir träumen

Beim Aufräumen habe ich eine Kiste mit alten Fotos und Notizen gefunden. Zum einen hat mich die Tatsache überrascht, dass diese Kiste meine zahlreichen Umzüge überlebt hat, zum zweiten war es der Inhalt. Ich habe zwar meine Handschrift auf alten Notizzetteln und Briefbogen erkannt, mir war aber völlig entfallen, was ich als Jugendliche für Lebensträume hatte. Um nicht zu sagen, es war mir schon wieder ganz neu, so wenig konnte ich mich erinnern. Es gab tatsächlich eine Liste, auf der genau notiert war, was alles in Zukunft in meinem Leben passieren sollte. Neben den üblichen Dingen wie »mich verlieben« (abgehakt, sogar schon mehrere Male), »eine Katze haben« (abgehakt, es waren im Verlauf der letzten 30 Jahre sogar fünf, inzwischen alle im Katzenhimmel), »einen tollen Job haben« (abgehakt, hat geklappt), »drei Tage Hochzeit feiern« (abgehakt, stand ja nicht dabei, wie lange die Ehe halten sollte), »auf Astrid Lindgrens Spuren mit dem Wohnmobil durch Schweden fahren« (das hatte ich vergessen, und inzwischen weiß ich nicht mehr, ob ich noch so viel

Strecke im Wohnmobil zurücklegen will), stand da auch »in einem Haus wohnen, in dem man morgens aufwacht und das Meer sehen kann«. Das steht definitiv noch aus und könnte ja auf die aktuelle Liste der noch zu erfüllenden Lebensträume wandern. Weil ich es eigentlich sehr schön finde, wenn man an diesen Träumen festhält. Egal, ob und wann man sich diese erfüllen kann. Allein die Tatsache, dass man einen so großen Wunsch hat, von dem man immer mal wieder träumt, gibt doch das Gefühl, dass wir noch etwas Schönes vor uns haben.

Ein Kollege, mit dem ich irgendwie auf dieses Thema kam, hat mir erzählt, dass seine Mutter ihr Leben lang davon geträumt hat, allein mit dem Motorrad durch den Sommer zu fahren. Sie hat es nie jemandem erzählt, nur immer wieder daran gedacht. Aber sie hat mit 57 Jahren klammheimlich den Führerschein gemacht. Kein Mensch wusste davon, ihre regelmäßige Abwesenheit wurde mit Überstunden – bis hin zu ängstlichen Vermutungen, sie könne plötzlich eine Affäre haben – erklärt. Nachdem sie die Prüfung bestanden hatte, kaufte sie sich von ihrem gesparten Geld ein eigenes Motorrad. Wie selbstverständlich. Mein Kollege hat erzählt, dass er 13 Jahre lang am Wochenende mit seiner Mutter Motorradtouren unternommen hat. Sie auf ihrem, er auf seinem Motorrad.

Als sie 70 wurde, hat sie den Führerschein abgegeben. Sie war sich nicht sicher, ob sie jetzt noch gut genug fährt. Aber sie ist gut gefahren. 13 Jahre lang. Sehr fröhlich. Und mit dem guten Gefühl, diesen Lebenstraum abgehakt zu haben.

Mit großer Bewunderung für diese Wunscherfüllung und einem nachdenklichen Blick auf meine Liste grüßt

Ihre Dora Heldt

Zeigt her eure Füße

Heute muss ich mal über ein scheinbar banales Thema schreiben, das mir aber sehr am Herzen liegt und mit dem ich mich schon seit Wochen beschäftige. Das Thema: schöne Füße im Sommer. Ja, ich weiß, was Sie jetzt denken, während Sie mit den Augen rollen, das ist natürlich ein Thema, zu dem es hinreichend Artikel, Werbung, Tipps und Tricks gibt, natürlich auch in dieser Zeitschrift, da muss doch die Heldt nicht ihre Seite verschleudern, um noch mal damit zu kommen. Weil doch alle schon alles über schöne Füße im Sommer wissen. Ist doch langweilig. Nein, das finde ich eben nicht. Es ist sogar ein Problem. Nicht immer, aber immer wieder. Ich bin nämlich ein großer Fan von schönen Füßen im Sommer, ich gehe am liebsten barfuß, und ich liebe die ersten Fotos der Redaktion, auf denen gepflegte Füße in filigranen Riemchensandalen die neuen Nagellacktrends zeigen.

Ich finde das toll, will sofort auch solche Füße haben und gehe vorfreudig zur Pediküre. Nach der Behandlung sieht alles super aus, und dann geht das reale Drama los.

Wie schafft man es, mit frisch lackierten Nägeln nach Hause zu kommen? Ich höre die Antwort: mit Flip-Flops. Ja, das ist eine Möglichkeit, wenn das Zuhause fußläufig ist (ich kann mit Flip-Flops weder Auto noch Fahrrad fahren) und wenn es nicht regnet. Meine Kosmetikerin ist um die Ecke, aber es hat jedes Mal geregnet. Und gerade schön gemachte Füße nehmen den Weg durch Pfützen übel. Okay, ich könnte mich abholen lassen, dann hätte ich das Problem gelöst. Habe ich auch probiert und am Abend beglückt diese schönen Füße begutachtet. Perfekt lackiert, schiere Haut, keine Macken, keine Blasen, alles fein. Damit es so bleibt und jeder es sehen kann, sollte ich nur noch offene Schuhe tragen. Das würde ich auch, wäre das Wetter gut. Aber dann kommt ein Tief namens Erika oder Agnetha, und ich muss Sneaker anziehen. Wegen der Pfützen.

Weil wir trotzdem Sommer haben, trage ich statt Socken Füßlinge, die schonen ja auch die lackierten Nägel. Ob es meine Fußform oder ein Bedienungsfehler ist, weiß ich nicht, aber ich gehe zehn Meter, und der Füßling knallt mir unter die Sohle. Ich lasse mir nichts anmerken, laufe weiter, dabei scheuert der Schuh an der eigentlich weichen Haut und bildet eine Blase. Das geht bei mir übrigens ganz schnell. Dafür brauche ich keine halbe Stunde. Nach dem Aufkleben des Blasenpflasters und dem Entsorgen der Füßlinge gehe ich ohne Strümpfe in den Schuhen weiter, das Ergebnis ist am

Abend dann sichtbar: Der Nagellack an beiden großen Zehen ist abgeplatzt, und auf beiden Hacken habe ich eine Blase. So. Das ist mein Problem. Und das musste ich mal loswerden. Als Fan schöner Sommerfüße. Was mache ich falsch? Auf dem Weg zur Pediküre grüßt

Ihre Dora Heldt

Das ist ja gemogelt!

Es gibt Wörter in der deutschen Sprache, die ich sehr mag. Nicht weil sie etwas Bestimmtes aussagen, sondern weil sie geschrieben einfach schön aussehen. Und sich gesprochen nett anhören. Ein gutes Beispiel dafür ist das Wort Mogelpackung. Das klingt und liest sich irgendwie gemütlich. Dabei meint es gar nichts Nettes, geschweige denn Gemütliches. Aber vielleicht kann man die Bedeutung einfach weniger ernst nehmen. Eigentlich ist eine Mogelpackung eine Form des Betrugs. Wenn man genau hinsieht. Ein Hersteller, der etwas in eine Packung steckt, was entweder nicht sehr gesund ist, obwohl es der Text auf der Packung suggeriert, oder weniger wiegt, als draußen draufsteht, oder nichts nützt, obwohl es versprochen wird. Okay, das ist ärgerlich. Andererseits haben wir ja Verbraucherschützer, die uns darauf aufmerksam machen, und weil wir alle nicht blöd sind, haben wir uns informiert und lassen die Produkte im Regal stehen oder kaufen sie und denken: »Aha, Mogelpackung.« Wobei ich hier ganz deutlich sagen muss, dass ich es ganz und gar ablehne, wenn man mich für blöde oder manipulierbar hält, das klappt auch meistens nicht, aber wenn ich es trotzdem kaufe, dann nur, weil ich an das nette Wort »Mogelpackung« dabei denke. Es gibt Mogelpackungen aber auch in anderen Zusammenhängen. Nele hat mal so eine kennengelernt. Es war eine männliche, angeblich sehr in Nele verliebt und total durch mit seiner Exfreundin. Da hat die Packung aber wirklich gemogelt, die Exfreundin verlor nach drei Wochen die erste Silbe und zog wieder bei ihm ein.

Mogelpackungen können natürlich auch weiblich sein. Das sind die, die ihr Aussehen drei Litern Wasser am Tag und acht Stunden Schlaf verdanken, die essen können, was sie wollen, und nie zunehmen, die aufgrund ihrer guten Gene auch mit fast 50 noch kein einziges graues Haar haben, seit Jahren Größe 36 tragen, obwohl sie noch nie eine Diät oder Sport gemacht haben, deren Beziehung total glücklich ist, deren Kinder allesamt hochbegabt sind und die sich nie Sorgen machen, weil alles schon gut wird. Tja. Mogelpackung. Sie glauben, wir wären blöd.

Nur fürs Protokoll: Ich färbe meine Haare seit 20 Jahren, trage eine flotte 42, quäle mich wegen Rücken einmal die Woche zum Sport, esse ab und zu tatsächlich Currywurst, trinke nicht gern Wasser, dafür manchmal zu viel Wein, habe nur eine Fernbeziehung – im Moment unter keinem guten Stern, weil wohl der Mars in meinem Sternzeichen steht und mich streitlustig macht –, aber ich bin, und jetzt kommt es: keine Mogel-packung. Obwohl ich das Wort so schön finde, dass ich vielleicht doch mal was probieren könnte. Vielleicht klappt es dann auch wieder mit dem Liebsten. Gemo-gelte Grüße,

Ihre Dora Heldt

Bloß nichts abgeben

Ich bin die Älteste von drei Geschwistern. Das prägt in vielen Bereichen des Lebens. Ob das nun eine gute oder eine schlechte Voraussetzung ist, lässt sich diskutieren. Ich schiebe manche meiner Macken aber einfach auf meine Familie, weil ich ja gar nichts dafür kann. Und man bekommt als Älteste Macken, ob man will oder nicht. Natürlich hat man auch wichtige Dinge wie Verantwortung, Mitgefühl, Ordnungsliebe, Pünktlichkeit und Pädagogik gelernt, aber die zählen in den Augen anderer nicht so sehr wie die Macken.

Mein Liebster wirft mir beispielsweise einen Hang zur Kontrollsucht vor – natürlich, er hätte damals das gemeinsame Kinderzimmer sehen sollen, wenn ich nicht die Kontrolle gehabt hätte. Chaos nicht nur unterm Bett, ich sag es Ihnen. Außerdem wäre ich manchmal ungeduldig und würde wichtige Gespräche durch zu schnelle Beurteilungen brutal beenden. Na sicher, man kann als 13-Jährige auch nicht mit zwei zehn- und sechsjährigen Kleinkindern stundenlang diskutieren, ob sie Pferdeposter bemalen können oder das Zimmer der großen Schwester betreten dürfen. Die Jüngeren brauchen eine klare und deutliche Ansage und fertig. Wo kommen wir Ältesten denn da hin? Auch meine Neigung, andere zu belehren oder ihnen Dinge, die sie in meinen Augen zu langsam erledigen, einfach aus der Hand zu nehmen, kommt nicht bei allen gut an. Ich weiß es ja, aber, wie gesagt, ich kann gar nichts dafür.

Eine Sache allerdings gibt es, an der ich arbeiten muss. Auch weil mein Liebster das ganz furchtbar findet. Ich habe Futterneid. Ein traumatischer Satz meiner Kindheit lautet: »Gib deinen Geschwistern doch was ab, dein Bruder ist so dünn.« Mein Bruder ist immer noch sehr schlank. Und noch heute spüre ich den auffordernden Blick meiner Mutter, wenn wir am heimischen Küchentisch sitzen, mein dünner Bruder seine Roulade schon aufgegessen hat und ich noch eine habe. Sie sieht auf meinen Teller und dann auf meinen Bruder. Und was mache ich? Richtig, ich stopfe mir die Roulade in den Mund. Ganz schnell und mit einem triumphierenden Blick. Und mein Liebster schüttelt traurig den Kopf.

Neulich saßen wir in einem Bistro, in das ein junges Paar kam, das zwei Baguettes zum Mitnehmen bestellte. Die Frau wollte nur ein halbes mit Käse, der Mann ein ganzes mit Schinken. Halbe gab es nicht, also sagte die junge Frau: »Okay, dann nimmst du deines und gibst mir die Hälfte ab.« Sie hatte es kaum ausgesprochen, da platzte ihm ein lautes »Nein, auf gar keinen Fall« raus.

Mein Liebster fand das unmöglich, aber ich, ich konnte es so gut verstehen. Liebe hin oder her, aber ich esse nur noch ganze Teile, da kann mir der Liebste sein halbes Croissant anbieten, sooft er will. Ich komme noch nicht dagegen an. Mit leichtem Völlegefühl in der Magengegend grüßt

Ihre Dora Heldt

Kannst du gießen?

Diesen Sommer kann ich keinen Urlaub machen. Das ist jetzt nichts Schlimmes, weil ich dann im Herbst irgendwohin fahre, das Problem ist nur, dass es alle wissen. Und das bedeutet, niemand macht sich Gedanken, was mit seiner Post und seinen Balkonblumen in den Ferien passiert, nein, meine Freunde geben mir einfach ihre Schlüssel. »Du, wir sind ja nur zehn Tage weg, du musst auch gar nicht oft gießen, so heiß wird es hier ja nicht. Und wichtige Post dürfte auch nicht kommen.«

Nein, schon klar, ich habe ja sonst nichts vor, und man tut sich doch gegenseitig gern Gefallen. Und was sind schon ein paar kleine Kübel auf dem Balkon? Höchstens eine Fünf-Minuten-Sache. Das hat Nele gesagt, und ich habe es geglaubt. Die paar kleinen Kübel entpuppen sich als drei große Hortensien, drei Rosen und zwei Blumenkästen mit noch nicht identifizierbaren Sommerblumen. Ich habe vier Kannen Wasser und 20 Minuten gebraucht. Auf die dann noch eine halbe Stunde folgte, weil die erste Kanne unbemerkt getropft und ich Wasserflecken auf Neles neuem Parkett hinterlassen hatte. Das musste ich dann noch trocken wischen. Bei Anna fand ich im Briefkasten eine Postkarte, auf der stand, in welcher Poststelle ich ein Paket abholen sollte, und auf dem sehr großen Balkon zwölf Kübelpflanzen, alle sehr gießintensiv. Hier dauerte es über eine halbe Stunde, weil Annas praktischer Außenwasserhahn festgerostet ist und ich die schwere Kanne durch die ganze Wohnung wuchten musste. Weil es am nächsten Tag affenheiß war, habe ich mich nicht getraut, das Gießen auszusetzen, auf dem Weg habe ich gleich das sehr schwere Paket für Anna abgeholt. Über eine Stunde habe ich gebraucht, erst der Weg zur Post, dann eine sehr lange Parkplatzsuche, dann der Weg zurück, weil ich die Vollmacht vergessen hatte, wieder Parkplatzsuche, dann das Paket bei der schon genannten Affenhitze in den dritten Stock geschleppt und mit dem Gießen begonnen.

Sobald ich bei Anna durch war, fuhr ich zu Nele. Da stellte ich fest, dass ihre schönste Rose anscheinend über Nacht von Läusen befallen war. Kurz vor einem Schweißausbruch googelte ich sofort Gegenmaßnahmen und suchte nach einer Gärtnerei in der Nähe. Als ich am nächsten Tag mit sehr teuren Mitteln zurückkam, war auch bei Nele eine Abholkarte im Briefkasten, dieses Mal eine ganz andere Post ganz ohne Parkplätze.

Morgen kommen beide wieder. Ich habe insgesamt fünf Pakete eingesammelt, ungefähr 26 Stunden lang

Blumen gegossen, Neles Rose hatte wohl keine Läuse, sondern was anderes, und hat jetzt keine Blätter mehr, dafür ist ein Blumenkasten komplett vertrocknet. Bei Anna ist mir der Henkel von der Kanne abgerissen und hat beim Runterfallen einen Kübel getroffen. Der ist kaputt. Und ich teile an dieser Stelle mit, dass ich im nächsten Jahr während der gesamten Blütenperiode aller aller Balkonpflanzen aushäusig sein werde. Mit erschöpften Grüßen

Ihre Dora Heldt

Klarer Punktsieg

Vor Jahren bin ich jeden Morgen auf dem Weg zur Arbeit an einem Laden vorbeigegangen, in dem eine Schaufesterpuppe stand, die das schönste Kleid trug, das ich bis dato gesehen hatte. Es war braun mit weißen Punkten, hatte einen kleinen Kragen, einen schwingenden Rock und war für meine damaligen finanziellen Verhältnisse eigentlich unerschwinglich. Ich war Mitte 20, verliebt in dieses Kleid und bekam dann noch eine Einladung zur Hochzeit einer Freundin. Bei der ich mich nur in diesem Kleid sah. Und weil das Leben manchmal gerecht ist, entschloss sich mein Chef, Urlaubsgeld zu bezahlen, womit ich überhaupt nicht gerechnet hatte. Was tat ich damit? Richtig, ich marschierte sofort in diesen Laden, um das Kleid anzuprobieren. Der Laden war teuer, die Verkäuferin sehr apart und selbstsicher, ich war aufgeregt, aber das Kleid passte perfekt. Ich stand begeistert, fast selbstverliebt in der Umkleidekabine und fand mich schön.

Ich ging nur zum großen Spiegel außerhalb der Kabine, weil ich mich von hinten sehen wollte und auch hoffte, dass die Verkäuferin oder irgendeine andere Kundin in Jubelschreie ausbrechen würde. Nur passierte das nicht. Erstens, weil keine andere Kundin da war, und zweitens, weil die aparte Verkäuferin mich lange ansah, dann die hübsche Nase krauste und ein klares, lautes »Nein« ausstieß. Ich starrte sie fragend an, und sie sagte freundlich, aber bestimmt: »Dieses Kleid verkaufe ich Ihnen nicht. Das ist nicht Ihre Farbe, Sie sehen aus, als hätten Sie eine schwere Grippe, und im Übrigen sind Sie noch nicht in dem Alter, in dem Sie Pünktchenkleider tragen sollten.«

Das war's. Und ich hatte noch nicht das Selbstvertrauen, das Kleid trotzdem zu kaufen. Auf der Hochzeit trug ich ein drei Jahre altes dunkelblaues Kleid, und nach und nach habe ich das gepunktete vergessen.

Vor drei Wochen habe ich mich mit einer Freundin in einem Hotel verabredet. Sie ist zwei Jahre jünger als ich, einen Kopf größer, drei Kleidergrößen dünner und immer toll angezogen. Bei unserem letzten Treffen haben wir, mehr, als wir eigentlich wollten, über unser Alter gesprochen. Über Falten, Rückenschmerzen, Pigmentstörungen und dass das alles doch manchmal nervt. Und jetzt kamen wir gleichzeitig an der Rezeption an, die Empfangsdamen fingen an zu lachen, und wir sahen uns verblüfft an. Wir trugen die gleichen Kleider, dunkelblau mit weißen Punkten. Und sahen beide gut aus. Dabei ist mir die alte Geschichte eingefallen, die ich meiner Freundin auch sofort erzählt habe. Weil das doch eines der vielen Vorteile des Älterwerdens ist. Wir haben jetzt das richtige Alter für Punkte. Eigentlich für alles. Versöhnte Grüße

Ihre Dora Heldt

Der reine Wille

Meine Freundin Nele und ich sind ganz hervorragende Welterklärer. Wir haben relativ zügig eine Theorie, ob und warum irgendetwas funktioniert. Das fällt uns so zu. Neulich zum Beispiel saßen wir zusammen mit meinem Liebsten in einem Gartencafé an einem kleinen Teich. Plötzlich entdeckte ich eine kleine, dicke Hummel, die verzweifelt im Wasser kreiste. Ich habe sie natürlich gerettet, was sie anscheinend nicht verstand, denn keine zehn Minuten später schwamm sie wieder · im Teich. Erst nach der zweiten Rettung surrte sie von dannen. Beim Hinterhersehen hat Nele dann erklärt, dass Hummeln gar nicht fliegen können. Schon in den 30er-Jahren haben Wissenschaftler der Aerodynamik festgestellt, dass ein 1,2 Gramm schweres Lebewesen mit 0,7 Quadratzentimeter Flügelfläche überhaupt nicht in der Lage ist, vom Boden abzuheben. Im Klartext heißt das, diese Flügel sind zu klein, um die fette Hummel zu tragen.

Ich war beeindruckt, zumal Nele auch noch ausführte, dass dieses Phänomen auch bei Managerseminaren verwendet wird. Frei nach dem Motto, die Hummel weiß gar nicht, dass sie nicht fliegen kann, deshalb macht sie es. An dieser Stelle wollte mein Liebster etwas sagen, wurde von mir aber daran gehindert. Ich hatte nämlich sofort eine schlüssige Theorie. Es ist der pure Wille. Die dicke Hummel will unbedingt fliegen, weil ihre Beine auch viel zu kurz sind, um all diese Entfernungen zu bewältigen. Also strengt sie sich an. Und zwar sehr. Was man eigentlich auch sieht. Sie fliegt schon ein bisschen unsicherer und langsamer als andere Insekten, vermutlich kneift sie die Augen vor Anstrengung fest zusammen, was auch die diversen Abstürze in Teiche oder an Fenster bedingt. Aber sie zieht es durch, mit diesem unbedingten Hummelwillen, koste es, was es wolle.

Nele fand diese Theorie super, ergänzte noch, dass diese Art der Überwindung von physikalischen Gesetzen typisch weiblich ist, was man will, das schafft man, wir sollten uns alle ein Beispiel an der pummeligen Hummel nehmen. An dieser Stelle räusperte sich mein Liebster und dozierte, dass die Hummel im Gegensatz zum Flugzeug bewegliche Flügel hat, die bis zu 200-mal pro Sekunde schlagen, damit einen Luftwirbel verursachen und so einen maximalen Auftrieb erzeugen. Deshalb können Hummeln fliegen, das lernt man im Physikunterricht, sechste Klasse.

Er ist so eine Spaßbremse, mein Liebster, das muss ich

hier mal sagen. Maximaler Auftrieb durch Luftwirbel, das ist doch langweilig. Uns hat das Bild einer kämpferischen, kleinen, pummeligen Hummel, die vor lauter Aufregung mit dicken Backen und zugekniffenen Augen durch die Welt fliegt und das nur, weil sie es will, viel besser gefallen. Deswegen bleibe ich dabei. Es ist der reine Wille. Im Auftrieb grüßt

Ihre Dora Heldt

Endlich raus

Meine Freundin Nele war eine Woche auf Mallorca. Sie ist der Einladung einer langjährigen Freundin gefolgt, die ein tolles Appartement auf der Insel gebucht hatte, bevor sie wusste, dass ihr Mann gar nicht mitkonnte. Aber so war Platz für Nele, die ganz begeistert war und sofort den Koffer packte. Nele hatte in den letzten Wochen sehr viel Stress und war heilfroh, endlich mal aus der Stadt, von den immer gleichen Gewohnheiten und den immer gleichen Gesichtern wegzukommen. Andere Menschen, anderes Essen, anderes Leben. Nele ging davon aus, dass diese Freundin ähnliche Urlaubsvorlieben hat wie sie selbst, hat aber nicht nachgefragt. Sie war dann bei der Ankunft nur etwas erstaunt, weil das Hotel nicht an einem idyllischen, abgelegenen Ort lag, sondern mitten in der Stadt, was bedeutete, dass es dort ähnlich aussah wie zu Hause. Das wiederum fand die Freundin super. Überhaupt kannte sie sich in Palma sehr gut aus, sie fährt schon seit Jahren dorthin, immer ins selbe Hotel, weil sie sich in der Gegend so gut zurechtfindet. Deshalb organisierte sie auch gleich den Abend.

Sie reservierte einen Tisch in einem total angesagten Restaurant, das einem ganz bekannten Koch gehört. Bei dem hat sie auch schon zu Hause gegessen, der kommt nämlich aus ihrer Stadt. Außerdem kocht der deutsch, die spanische Küche ist ihr einfach zu fettig. Danach waren sie noch in einer Bar, auch hier wurde Nele einem berühmten und vor allen Dingen aus Deutschland ausgewanderten Barkeeper vorgestellt, man kannte sich schon lange. Die nächsten Tage verliefen sehr hektisch, Neles Freundin wollte zum Friseur, zur Massage, eine bestimmte Handtasche kaufen und unbedingt Freunde treffen, die auch gerade auf Mallorca waren. Nicht mehr ganz überraschend kam der Friseur aus Berlin und war ein alter Bekannter, der sich vor fünf Jahren in Spanien niedergelassen hatte, der Masseur war für ein Jahr auf der Insel und selbstredend vorher in Hamburg, der Taschenladen hatte eine Geschäftsführerin aus Köln, die eine alte Freundin war, und von den Freunden, die man abends traf, kannte Nele zufällig zwei von zu Hause. Das Beste war, dass die wiederum auch Lokale und Leute kannten, die mit Mallorca kaum was zu tun hatten. Nele kam sehr genervt zurück und fuhr anschließend mit mir zum Entspannen nach Sylt. Da saß sie dann und regte sich über Menschen auf, die irgendwo hinfahren und so tun, als wären sie zu Hause und alles sei wie immer. Am selben Abend kamen die Besitzer des Nachbarhauses übers Wochenende, deren erste Amtshandlung auf der

Insel darin besteht, im Vorgarten die Hamburger Flagge zu hissen. Wie im Buckingham Palace, wenn die Queen anwesend ist. Ich habe das noch nie verstanden. Manche Menschen fahren anscheinend nur in den Urlaub, weil woanders das Wetter besser ist. Der Rest soll sein wie immer. Eigentlich schade. Mit leichter Verwunderung grüßt

Ihre Dora Heldt

Kleid oder Anzug?

Eigentlich bin ich erfahren genug, um eigenständig meine Kleidung für unterschiedliche Anlässe auszusuchen. Dachte ich. Ich kenne meine Konfektionsgröße, weiß, welche Farben mir stehen und welche nicht, habe eine ungefähre Ahnung, was gerade die modischen Trends sind, und habe auch schon genügend Lebenszeit mit Shoppen verbracht. Es dürfte also überhaupt kein Problem sein, das passende Outfit für eine Preisverleihung hinzubekommen.

Das dachte ich, als ich die Einladung zu einer Veranstaltung bekam. Eine Preisverleihung in einem eleganten und festlichen Rahmen. Bei der ich übrigens keinen Preis bekommen sollte, sondern nur als einer von vielen Gästen eingeladen war. In Begleitung meiner Freundin Nele, die total aufgeregt war, weil sie diese Preisverleihung kannte. Und die sich sofort die Frage stellte, was das richtige Outfit sein könnte. Ein langes Abendkleid lehnte ich sofort ab – die Chance, dass ich in der nächsten Zeit zu einer feudalen Hochzeit oder einem Ball eingeladen würde, wäre so gering, dass sich die Anschaffung auf keinen Fall lohnen würde. Ich schlug also meinen dunkelblauen Anzug für alle Fälle vor, den hatte ich erst achtmal an, der passt immer. Nele fand das unmöglich und viel zu trist. Glamour sei das Stichwort, sie wollte ein Kleid, ruhig kurz, aber mit Glitzer und Pailletten. Ich mache es kurz: Wir sind einmal zusammen, dann jeweils allein durch alle Läden gezogen. Nele war bereits bei ihrem ersten Solo erfolgreich, ich war sechsmal unterwegs. Irgendwann verlor ich die Lust, ich sehe in Pailletten aus wie eine Weihnachtskugel. Für lange Röcke habe ich irgendwie zu kurze Beine, ein schwarzes Kleid wollte ich nicht.

Schließlich übernahm die Verkäuferin die Verantwortung und entschied für mich: ein kurzes, schlichtes, dunkelrotes, sehr feines Kleid. Kette dazu, Schal dazu, High Heels in schwarzem Lack dazu, fertig. Alle waren begeistert, ich dann auch. Eine halbe Stunde bevor das Taxi kam, das mich zur Preisverleihung fahren sollte, schickte mir Nele ein Foto von sich aufs Handy. Kurz und schwarz, viel Glitzer, sehr schön. Ich schickte begeistert eins von mir zurück, und dann kam Neles Antwort: »Findest du dich elegant genug?« Ich weiß nicht, wie Sie reagiert hätten. Vielleicht mit einem selbstbewussten: »Ja!«

Ich habe nicht so reagiert. Ich bin in Hektik ausgebrochen und habe mich in sieben Minuten umgezogen. Der Nagellack und der Lippenstift passten glücklicherweise auch zum blauen Anzug, auf den alten Pumps konnte ich besser tanzen, aber für ein gesundes Selbstvertrauen sprach das nicht. Ich habe übrigens ganz viele kurze rote Kleider gesehen, noch mehr dunkle Anzüge, es wäre beides gegangen. Jetzt habe ich mir vorgenommen, mir nie mehr eine halbe Stunde vorher Gedanken und Stress zu machen, ob ich richtig angezogen bin. Nie mehr. Ich werde jetzt selbstbewusst. Den Anzug für alle Fälle aufbügelnd grüßt

Ihre Dora Heldt

Bindung fürs Leben

Vor dem Selbstbedienungstresen eines Biergartens stand ich neulich in einer Schlange, die sich nur sehr langsam weiterschob. Vor mir standen zwei Kinder, der Junge elf oder zwölf, das Mädchen vielleicht drei oder vier Jahre jünger. Sie waren mit ziemlicher Sicherheit Geschwister, sie hatten viel Ähnlichkeit und dieses besondere Geschwisterverhalten. Das Mädchen war aus irgendeinem Grund beleidigt, ihr schon ziemlich cool wirkender Bruder tat so, als wäre nichts. Deshalb stieß sie ihn mit dem Fuß in die Ferse, er verlagerte nur sein Gewicht und sah über sie hinweg. Beim zweiten Tritt schaute er sie wenigstens böse an, sie sagte: »Ich habe gar nichts gemacht«, und ließ die Unterlippe zittern. Er versuchte, cool zu bleiben. Was ihm sichtbar schwerfiel. Er tat mir leid. Weil ich das kenne. Ich habe gelesen, dass sich Geschwister zwischen drei und sieben Jahren 3,5-mal in der Stunde streiten.

Wenn Sie jetzt erstaunt sind, dann sind Sie Einzelkind. Ich bin die Älteste von drei Geschwistern, der einzige Fehler in der Statistik ist, dass wir das auch noch im Alter zwischen zwölf und 17 gemacht haben. Aber wir sind alle durchgekommen. Bei drei Kindern ist ja immer eines beleidigt, eines wütend, ein Kind petzt, ein Kind schreit, ein Kind heult.

Und trotzdem sind Geschwisterbindungen die längsten Beziehungen unseres Lebens. Immerhin haben wir zu 50 Prozent dieselben Gene, das muss man doch irgendwann mal merken. Die beiden Kinder vor mir haben das anscheinend noch nicht gemerkt. Das Mädchen fing an zu quengeln, ihr Bruder wurde langsam sauer. Er sah hilfesuchend an der Schlange vorbei, vermutlich, um Blickkontakt zu seinen Eltern zu bekommen. Vielleicht wollte er die Erlaubnis, seine Schwester kurz niederschlagen zu dürfen.

In diesem Moment habe ich mir überlegt, ob ich mit meiner Erfahrung als ältere Schwester ihm sanft meine Hand auf die Schulter legen soll, um ihn zu trösten und um ihm zu sagen, dass er sich später mal freuen wird, eine Schwester zu haben, weil es eine Verbindung ist, die beruhigend, verlässlich, vertraut und liebevoll bleibt. Das ist bei mir so. Und darüber bin ich sehr froh.

Während ich noch überlegte, wie man diese Informationen so formuliert, dass ein cooler Junge das annimmt und begreift, stupste seine kleine Schwester ihn an, zog ihn zu sich runter und flüsterte ihm etwas ins Ohr. Ich konnte es nicht verstehen, hoffte, dass es nicht erneut eine kleine fiese Provokation war, sah aber, dass er sich kurz aufrichtete, dann wieder zu ihr beugte und sie mit geschlossenen Augen auf die Wange küsste. Und sie strahlte ihn an, die kleine Schwester. Alle in der Schlange, die das gesehen haben, mussten gerührt lächeln. Ich auch. Und dachte, dass sich Geschwister ruhig mal öfter auf die Wange küssen sollten. 3,5-mal Streit in der Stunde ist doch einfach zu viel. Mit schwesterlichen Grüßen, besonders an meinen kleinen Bruder und meine kleine Schwester,

Ihre Dora Heldt

Outfit des Tages

Eines der Dinge, die ich im Urlaub am schönsten finde, ist die Tatsache, dass man sich nicht jeden Tag richtig stylen muss. Das heißt jetzt nicht, dass ich an meinen freien Tagen herumlaufe wie der letzte Feger, aber ich mache mir relativ wenig Gedanken darüber, ob die Bluse zur Hose passt, welche Jacke dazu geht, ob die Schuhe dieselbe Farbe haben wie der Gürtel oder ob meine Augen gut geschminkt sind. Ich bin geduscht und gekämmt, würde aber niemals den Preis für das Outfit des Tages gewinnen. Aber ich habe Ferien. Jetzt ist mir jedoch in den letzten Jahren aufgefallen, dass diese Lässigkeit immer mehr zurückgeht. Früher war es so, dass dieser Preis für das Outfit des Tages mangels Kandidaten auch gar nicht weiter verliehen werden konnte, heute sieht das ganz anders aus.

Ich war letzte Woche auf Sylt, das ist nichts Neues, da verbringe ich fast jeden Ferientag. Weil ich sowieso da war und eine alte Freundin ein Wochenende dort verbrachte, haben wir uns verabredet. Morgens zum Frühstücken, danach in die Strandsauna und abends in eine

Kneipe am Wasser zum Sonnenuntergangucken. Alles entspannt. Dachte ich. Meine alte Freundin kam zum Frühstück in Jeans, weißem T-Shirt, Sneakern. Das trug ich auch, es waren Ferien. Danach fuhr sie in ihr Hotel, um ihre Saunasachen zu holen. Als ich sie dort abholte, hatte sie sich umgezogen. Eine kurze weiße Hose, ein blau-weiß geringeltes T-Shirt, Kapuzenpulli über der Schulter, Flip-Flops. Die Saunahandtücher passten zum Badeanzug, auch ihre Tasche hatte dasselbe Muster. Ich hatte immer noch Jeans, weißes T-Shirt und Sneaker an, meine Saunatasche ist 16 Jahre alt und grün mit gelben Blumen.

Wir verbrachten trotzdem einen schönen Nachmittag, fuhren aber, entgegen meiner Vorstellung, nicht direkt zum Essen, sondern etwas gehetzt wieder ins Hotel. Ich wartete auf dem Parkplatz, bis sie kam. Dieses Mal in einem bodenlangen Kleid, Schuhen mit Keilabsätzen aus Kork und einer passenden Leinenjacke, die Haare wieder offen. Allerdings hat sie später in diesem Kleid gefroren, ich hatte meine Fleecejacke dabei, das ging. Sie hat sich aber nicht beklagt.

Am nächsten Tag machten wir einen langen Strandspaziergang. Ich hatte dieselbe Jeans, aber ein neues T-Shirt an, sie kam in einer weiten Hose, bei der man die Beine abtrennen kann, einem pinkfarbenen Shirt, einer passenden Weste und Wanderschuhen. Die Schuhe zog sie allerdings am Strand aus, weil wir ja Sommer haben.

Was ihr nichts ausmachte, sie hatte ihre 'am Strand unpassende Handtasche mit einer Gürteltasche getauscht. Sah besser aus. Mein Fazit dieses Wochenendes: Sie war besser angezogen, ich hatte kleineres Gepäck und musste weniger denken. Und genau deshalb liebe ich Ferien. Mit Respekt für alle Preisträgerinnen des Outfits des Tages grüßt

Ihre Dora Heldt

Frauen und Kleider

Vor einiger Zeit habe ich eine Freundin angerufen, die das Gespräch zu meiner Verwunderung mit sehr leiser, fast gepresster Stimme annahm. Sie könne gerade nicht gut reden, sagte sie, sie bekäme nicht genug Luft und würde mich deshalb in einer halben Stunde zurückrufen – und hat aufgelegt. Ich machte mir natürlich sofort Gedanken über schwere Allergien, die in Asthma mündeten, über Schockzustände durch schlechte Nachrichten oder, ich lese zu viele Krimis, über einen Würgegriff im Streit mit einem Mann. Letzteres dachte ich natürlich nicht ernsthaft, nur einen winzigen Moment.

Nach einer guten halben Stunde rief sie mit ganz normaler Stimme und munter zurück. Sie hätte sich jetzt umgezogen, alles wäre gut, und jetzt könnten wir auch telefonieren. Auf meine immer noch besorgte Frage, was denn gerade mit ihr los gewesen sei, antwortete sie ernsthaft, die Ampel wäre auf Rot gesprungen, sie müsse jetzt leider handeln. Sie ist nämlich ein Oktoberfest-Fan. Und sie besitzt deswegen natürlich ein Dirndl. Ein sehr teures, sehr schönes, und weil sie es nur einmal im Jahr trägt, ist es auch noch wie neu, obwohl es schon über zehn Jahre in ihrem Besitz ist. Aber einmal im Jahr kommt der große Moment. Sie probiert es an. Meine Freundin, die sich das ganze Jahr nicht um Kalorien, Kurven und Kilos schert, zieht dieses Dirndl vier Wochen vor dem Oktoberfest an. Um zu sehen, ob es noch passt.

Sie würde sich nicht regelmäßig wiegen, sie hätte diesem Schlankheitswahn abgeschworen und hätte eigentlich auch ein gutes Körpergefühl, aber dieses Jahr ... Sie sei eine halbe Stunde unter den irritierten Blicken ihres Mannes durch die Wohnung gelaufen, nur um zu sehen, ob die Luft, die sie trotz des Dirndls bekam, auch reicht. Sie reichte nicht. Ihr wurde schwindelig, das bedeute, die Ampel sei auf Rot. Sie müsse jetzt strenge Diät machen, damit sie in diesem Dirndl auch einen ganzen Abend überlebt. Aber sie hätte ja noch Zeit. Dabei klang sie weder deprimiert noch traurig. Es war so, als hätte sie lediglich festgestellt, dass das Terrassenfenster schmutzig war. Es macht keinen Spaß, es zu putzen, aber man weiß, es wird auch wieder sauber. Man muss es nur angehen.

Ich bin jetzt von dieser Haltung ganz beeindruckt. Warum soll man sich das ganze Jahr mit Gewichtsproblemen aufhalten, wenn man es auch so lösen kann? Einmal im Jahr vor die Ampel und fertig. Mir ist eingefallen, dass ich mir vor Jahren für eine Silvesterparty ein enges dunkelblaues Kleid gekauft habe. Wie gesagt, Jahre her, aber wie neu und damals schon eng. Das probiere ich jetzt an. Bis Silvester ist ja noch Zeit. Wobei ich in den Adventswochen vielleicht verschärfte Bedingungen haben werde. Aber mein Terrassenfenster ist auch ziemlich groß. Und es ist allemal besser, als sich das ganze Jahr damit zu verderben. Auf der Suche nach dem Kleid und später wohl nach Diätvorschlägen grüßt

Ihre Dora Heldt

Verrückte Synapsen

Meine Freundin Anna ist verzweifelt und hat ausführlich den völlig verkorksten Familienurlaub geschildert. Der Grund war nicht etwa der, dass der Urlaubsort furchtbar, das Wetter schlecht oder das Hotel unter aller Kanone war, nein, der Grund heißt Lena, ist Annas Tochter, elf Jahre alt und seit Kurzem pubertierend. Was, laut Anna, doch viel zu früh sei und was keinesfalls die Aggressionen, die schlechte Laune, die plötzlichen Ausraster und die verschiedenen Tränenausbrüche erklären könne. Sie würde überhaupt nicht verstehen, was mit diesem einst so zauberhaften Kind gerade passiere, aber sie hätte es tatsächlich geschafft, ihrer ganzen Familie den Urlaub zu versauen.

Jetzt ist es als kinderlose Frau natürlich schwierig, einer Mutter in pädagogischer Verzweiflung zu helfen. Das wollen Mütter ja auch gar nicht. Aber in diesem Fall hatte ich gerade einen Artikel gelesen, in dem es um neurologische Forschungen bei Jugendlichen ging. Also habe ich Anna mitfühlend erklärt, dass die Pubertät eine der ganz großen Herausforderungen für Eltern und

Kinder bedeute. Bei den Jugendlichen verändere sich nämlich gerade so einiges im Gehirn, das sei nicht so einfach. Es herrsche sozusagen ein Umbruch in Lenas Kopf, es entstehen gerade neue Verbindungen zwischen Nervenzellen, dafür verschwinden bestehende, es sei die reine Baustelle. Und dafür könne das Kind erst mal nichts. Das liege an seinem Stirnlappen. Anna hörte sich alles an und zweifelte trotzdem. Das wäre ja schließlich bei allen Menschen so, auch sie wäre in der Pubertät gewesen, aber so einen Stress hätte sie nicht gemacht. Und auch keine ihrer Freundinnen. Sie wäre vielleicht mal etwas launisch gewesen, aber Lena würde ja halbwegs durchdrehen. Dann legten wir auf.

Und jetzt habe ich noch eine andere Theorie: Ich glaube, dass sich die Synapsen von Frauen bei der Geburt einer Tochter verändern. Es werden alle Erinnerungen an die eigene Pubertät gekappt. Sonst wäre man über die Aussicht, dasselbe noch einmal durchmachen zu müssen, so verzweifelt, dass man sich gar nicht über das Kind freuen könnte. Bei mir ist leider nichts gelöscht. Ich habe grundlos solche Wutanfälle bekommen, dass ich zweimal den Glaseinsatz der Küchentür beim Türknallen rausgehauen habe, mein Bruder ging nur mit eingezogenem Kopf an mir vorbei, ich habe einen ganzen Urlaub lang am Strand gesessen und geheult, erst übers Leben, dann über den Sonnenbrand, weil ich nicht die Familiensonnencreme benutzen wollte, ich wollte abwechselnd sterben und mich verlieben, ich fand das Leben furchtbar und alle Familienmitglieder peinlich. So war das.

Und jetzt hole ich Lena von der Schule ab, gehe ein Eis mit ihr essen und erzähle ihr das. Und tröste sie damit, dass so in vier, fünf Jahren das Schlimmste geschafft ist. Das arme Kind. Froh, Mitte fünfzig zu sein, grüßt

Ihre Dora Heldt

Auf den Punkt

Einer der Sätze, die ich von Männern oft höre, aber trotzdem nicht leiden kann: »Komm doch mal zum Punkt.« Ich fand das bislang immer blöd, weil es doch einen Grund gibt, dass ich manche Geschichten etwas ausführlicher erzähle, als sie vielleicht erzählt werden müssten. Aber ich will ja nicht einfach eine Information weitergeben, sondern wirklich etwas erzählen. Und um das zu verstehen, braucht man die Details.

Wenn ich zum Beispiel an der Tankstelle eine Bekannte treffe, ist das eine Tatsache, die vielleicht nicht unbedingt jeden interessiert. Wenn diese Bekannte aber versehentlich Benzin statt Diesel getankt hat und deswegen Hektik ausgebrochen ist, könnte das schon spannender werden. Und wenn diese Bekannte auch noch eine furchtbare Angeberin ist und sich deshalb ein teures Auto geliehen hat, weil sie in ihr Heimatdorf fahren und dort angeben will, aber zu doof war, richtig zu tanken, kann da schon eine richtige Geschichte draus werden. Aber dafür muss ich natürlich a) die Bekannte beschreiben, b) das Auto beschreiben, c) das Heimatdorf beschreiben, und erst dann kann ich aus dramaturgischen Gründen auf die falsche Tanksäule kommen. Ich muss diese Geschichte so erzählen, dass sich jedem das Komische daran erschließt. Aber fast jeder Mann wird spätestens bei der Beschreibung der Bekannten sagen: »Jetzt komm doch mal zum Punkt.« Dann muss man antworten: »Sie hat Benzin getankt.« Und zack, ist die Geschichte verpufft.

Aber seit ein paar Wochen entwickele ich langsam Verständnis. Ich saß nämlich neulich mit einigen Freunden in einer Bar, als, nennen wir sie mal Steffi, anfing, von Tanja und ihrem Hund zu erzählen. Es war Tanjas dritter Hund, der zweite hatte ja oft Durchfall, während der erste Hund aber ganz süß war, nur der Freund, den Tanja damals hatte, der litt unter einer Hundehaarallergie, deshalb hat Tanja den Hund weggeben, und dann war der Freund weg und der Hund auch – und jetzt der dritte Hund, der kommt ja vom Züchter und … Sie hörte und hörte nicht auf, wir kannten weder Tanja noch den Hund, es wurde auch nicht komisch, aber wir wurden müde. Und dann hob ein Freund seinen Kopf und fragte freundlich: »Wann wird diese Geschichte denn spannend?« Steffi brach ab, und er ergänzte: »Dann fang doch einfach da an, wo sie spannend wird.« Steffi schloss den Mund. Und ich war sehr froh. Und konnte das erste Mal verstehen, wie sehr man von langweiligen Geschichten gequält werden kann. Deshalb überlege ich jetzt, ob meine Geschichte wirklich schon beim Heimatdorf spannend ist. Oder ob ich die Angeberin auch weglassen kann. Mein Fazit dieses Abends jedenfalls ist, dass meine Dramaturgie sitzen muss. Und falls ich anfange, von Freundinnen und Hunden mit Durchfall zu reden, unterbrechen Sie mich einfach mit der Frage, wo es denn spannend wird. Ich komme dann sofort auf den Punkt. Mit knappen Grüßen

Ihre Dora Heldt

Erwachsene Kinder

Dass man erwachsen ist, merkt man daran, dass man unverhohlen Fehler oder Charakterschwächen zugeben kann. Habe ich mal gehört. Nun gut, ich gebe hier eine Charakterschwäche zu, die ich neulich an mir festgestellt habe. Ich habe etwas Beifallheischendes. Zumindest in bestimmten Momenten. Vor einiger Zeit kam ein solcher Moment. Zusammen mit meinen Eltern hatte ich eine Einladung bei sehr alten Freunden der Familie. Natürlich habe ich sofort die Reise nach Süddeutschland organisiert, also Bahnfahrt, Hotel, Zusage, all diese Dinge, um es meinen Eltern einfach zu machen. Auch. Aber ganz tief in mir gab es diese Vorstellung, dass die alten Freunde nahezu entzückt von diesem erwachsen gewordenen Kind wären. Wie nett ich mit meinen Eltern umgehe, dass ich überhaupt mitgekommen bin, was alles aus mir geworden ist, dass ich mich kaum verändert habe und dass ich es ja tatsächlich zu etwas gebracht habe. In meiner Fantasie saßen meine Eltern rechts und links von mir und blickten mich stolz und gerührt an. Wie gesagt, manchmal bin ich Beifall heischend und habe schlimme Fantasien. Die Wirklichkeit ist natürlich immer anders. Als wir uns im Hotelfoyer trafen, um gemeinsam zu diesen Freunden zu fahren, musterte mich meine Mutter und fragte: »Gehst du so?« Eine Frage, die mich immer noch verunsichert und zum Umziehen zwingt. In diesem Fall erfolglos, der Kommentar: »Dann hättest du auch so bleiben können«, besagte nichts Gutes. Statt meine Frisur zu loben, zog mein Vater einen Kamm aus seiner Tasche, den er mir freundlich reichte. Ich kam um eine Zerstörung meines Stylings rum, weil wir in diesem Moment abgeholt wurden. Später im Restaurant bekam ich flüsternde Anweisungen, welche Themen ich meiden sollte, und einen tadelnden Blick beim Aufstehen, weil meine Mutter befürchtete, ich wolle rauchen gehen. Ich ging dann nur zur Toilette. Mein Vater erzählte seinem alten Freund strahlend, dass ich immer noch keine Ordnung in meinen Papieren hätte, das könnte er nicht verstehen. Aber sonst mache ich relativ wenig Stress. Der Freund nickte mir zufrieden zu. Ich schwieg. Der Abend war ansonsten ganz nett, das Essen gut, der Wein allerdings, zumindest in meinem Glas, von meiner Mutter rationiert. Es wäre ja fatal, wenn das Kind plötzlich einen im Kahn hätte. Aber das passierte nicht, relativ nüchtern, wenngleich sehr erschöpft, bestellte ich schließlich ein Taxi ins Hotel. Ich saß vorn und schlug vor, noch einen Gin Tonic in der Bar zu trinken. Als Abschluss. Sofort kam die Stimme meiner Mutter von hinten. »Du weißt schon, dass wir morgen früh rausmüssen, oder? Das muss doch nicht mehr sein.« Und da drehte sich der Taxifahrer zu mir, lächelte traurig und sagte: »Das hört nie auf.« Er hat recht. Und ich muss nicht den Fehler machen, auf Beifall zu warten. Das verdirbt nur den Charakter. Bescheidene Grüße,

Ihre Dora Heldt

Herbststimmung

Nächste Woche werde ich anfangen, meine Sommersachen aus den unteren Fächern meines Kleiderschranks in die oberen zu räumen. Das heißt, sie sind somit in den nächsten Monaten nur noch durch Benutzung einer kleinen Haushaltsleiter erreichbar. Und das bedarf vorher einer Entscheidung. Nicht nur, WELCHE Sachen in die nur umständlich erreichbaren Fächer wandern, sondern viel wichtiger: WANN sie dorthin wandern. Ich hege ja in jedem Jahr lange die Hoffnung, dass ich die dünnen Sommerkleider, die kurzärmeligen Leinenblusen oder leichten Hosen noch ein paar Wochen anziehen kann, zur Not unter Pullis und Strickjacken.

Aber irgendwann kommt dieser Tag, dieser eine Tag, an dem ganz sicher ist: Der Sommer ist jetzt vorbei. Das weiß man vorher nicht genau, man merkt es auch nicht sofort, aber plötzlich sitzt man irgendwo, fröstelt ein bisschen, sieht in den grauen Himmel und denkt: »Meine Güte, letzte Woche um diese Zeit habe ich noch barfuß am Strand gesessen und Eiskaffee getrunken. Ohne Jacke, nur mit T-Shirt, und es war ganz warm.«

Und eine Woche später hat man schon Strümpfe an. Und einen Wollpullover. Und kann sich nicht mehr vorstellen, die Stiefel draußen auszuziehen.

Mich macht dieser Moment, in dem man das merkt, immer ein bisschen melancholisch. Weil der Sommer und damit die Hoffnung auf helle Tage, Sonnenschein, Leichtigkeit und braune Haut zu Ende ist und ich nie genau weiß, ob ich es richtig ausgenutzt habe. Ob ich all das, auf was ich mich in der dunklen Jahreszeit so gefreut habe, auch gemacht habe oder wieder tausend Gründe hatte, die Zeit mit anderen Dingen zu vergeuden. Aber diese Fragen sind dann sowieso egal, weil der Sommer ja nun mal vorbei ist, egal, ob man ihn bewusst erlebt hat oder nicht. Und mit Pech hat man diesen letzten Tag auch noch verpasst, kein letztes Mal am Strand, kein letztes Mal in kurzen Hosen, kein letztes Mal ohne Strümpfe, sondern eine dreistündige Zahnbehandlung oder einen wichtigen Bürotermin. Das wäre richtig blöd, wenn draußen das letzte Mal der Sommer tobt und man selbst mit offenem Mund auf dem Stuhl oder in einer anstrengenden Sitzung sitzt.

Aber so ist das immer mit Zeiten, die zu Ende gehen. Wüsste man das rechtzeitig, könnte man bestimmt vieles besser machen. Das merkt man leider immer erst, wenn es zu spät ist. Und deshalb ist man mit Recht ein bisschen traurig und melancholisch. Dabei darf man nicht vergessen, dass es ja auch im Herbst noch schöne

Tage gibt. Die müssen wir feiern. Nicht, dass wir plötzlich im Schnee feststecken und denken, dass letzte Woche um diese Zeit die Mützen doch noch im oberen Fach lagen. Auf der Haushaltsleiter stehend grüßt mit leichter Herbstmelancholie, aber viel gutem Willen

Ihre Dora Heldt

Abenteuer Shoppen

Bekannterweise bin ich ein großer Loriot-Fan, und einer meiner liebsten Sketche ist der, in dem ein Ehepaar gemeinsam einen Anzug kaufen geht. Er will keinen, sie aber doch, und während der arme Kerl einen nach dem anderen probiert, sitzt sie auf einem Sofa und spricht mit dem Verkäufer über ihren Mann. Dieser Sketch ist vor Jahrzehnten entstanden, da könnte man doch meinen, dass das heute alles anders ist und es sich um ein reines Klischee handelt. Dachte ich auch. Als wenn Verkäufer heute noch mit den Partnern ihrer Kunden reden würden. Ist doch Unsinn. Ist es aber nicht.

Ich war neulich mit meinem Liebsten in der Stadt. Er wollte einen Anzug kaufen, mir war es egal. Wir sind in zwei Geschäften gewesen, mein Liebster ging lustlos durch die Reihen, und ich sah mich entspannt um, ich brauchte ja keinen Anzug. Und hatte auch überhaupt keinen Ehrgeiz, meinen Liebsten zu einem Anzug zu drängen, ganz im Gegensatz zu der Ehefrau bei Loriot. Es sind heute andere Zeiten. Als aber der einzige Verkäufer aufgeregt einer Dame folgte, die zielstrebig die Abteilung durchschritt und dabei über die Schulter rief: »Kurt, jetzt komm, ich kann deine Hose nicht anprobieren«, wurde ich unsicher. Mein Liebster beschloss plötzlich, er bräuchte heute keinen neuen Anzug, genau in dem Moment, als ein anderer Verkäufer bei diesem Herrenausstatter mich fragte, ob wir Hilfe bräuchten. Wir sind gegangen.

Weil wir sowieso schon in der Stadt waren, wollte ich mir noch einen Schal zu meinem neuen Mantel kaufen. In einem schönen Laden hielt ich mir einen nach dem anderen an, mein Liebster sah einen passenden auf dem Tisch liegen, faltete ihn auseinander, faltete ihn wieder zusammen, nachdem ich den Kopf geschüttelt hatte, und legte ihn wieder zurück. Und dann kam mein Lieblingsmoment des Tages. Eine Verkäuferin hatte meinen Liebsten dabei beobachtet, wollte ihm zu Hilfe eilen und sagte erstaunt: »Ach, er hat ihn schon zusammengelegt.« Und mit einem Blick auf mich: »Ist er zu Hause auch so ordentlich?« Loriot hätte wahrscheinlich geantwortet: »Ja, und er sitzt und spricht schon.« Ich war erst fassungslos und hatte dann den Satz auf den Lippen: »Da müssen Sie seine Mutter fragen«, den ich mir aber zum Glück verkniffen habe. Das wäre ein Klischee.

Aber für die Zukunft: Mein Liebster kann ganz allein einkaufen, mich kann man dabei komplett ignorieren. Und im Übrigen kann er sowieso alle Fragen selbst beantworten, und ich weiß noch nicht einmal genau, wie viele Anzüge er überhaupt besitzt. Und ja, er kann schon einen Schal zusammenlegen, er ist ja schon groß. Mit großem Respekt für Loriot und ohne Ehrgeiz, den Liebsten schön anzuziehen, grüßt

Ihre Dora Heldt

Doch lieber Single?

Meine Freundin Nele ist ja bekannterweise Single. Seit Jahren. Und vorher hatte sie mit ihrem Freund getrennte Wohnungen. Das bedeutet, dass Nele zu Hause alles so machen kann, wie sie es gern möchte, und alles so vorfindet, wie sie es verlassen hat. Liierte Frauen werden jetzt neidisch sein, Singlefrauen nicken traurig und sagen: »Ja, so ist es. Es gibt nie Überraschungen.« Frauen mit Fernbeziehung kennen beides. Und wollen immer das, was es gerade nicht gibt. Zurück zum Thema: Eine von Neles besten Freundinnen hat im Moment hier eine Weiterbildung, die zwei Wochen dauert, aber die Freundin – nennen wir sie M. – hasst Hotels. Also hat Nele ihr angeboten, doch in dieser Zeit bei ihr zu wohnen.

Singlefrauen können so etwas spontan machen und stellen es sich hübsch vor, mal wieder zu zweit zu leben. Jetzt wohnt M. bei Nele. Eine Woche haben sie hinter sich, eine Woche kommt noch. Und jeden Tag ruft Nele mich an. Am ersten Tag hat M. vergessen, die Haustür hinter sich abzuschließen. In Neles Stadtteil kommen schon mal Einbrüche vor, Nele hat M. abends darauf hingewiesen und musste sich anhören, in ihrem Alter schon überängstlich zu sein. Am nächsten Tag fragte Nele mich, was denn so schwierig daran sei, nach dem Aufstehen die Gardinen aufzuziehen und das Fenster zu kippen. Ich wusste es auch nicht. Genauso wenig wie den Grund, die Tasse nie ganz auszutrinken, sondern immer einen Rest stehen zu lassen, und zwar genau so viel, wie es braucht, um einen braunen Rand zu verursachen. Auch das Verbleiben der Krümel auf dem Küchentisch, das Nichtaufhängen der Handtücher nach dem Duschen und die Käserinde im gelben Sack konnte ich nicht begründen.

Aber Neles größtes Problem ist die Tatsache, dass M. jeden Morgen ewig im Bad braucht, genau zu dem Zeitpunkt, zu dem Nele aufsteht. Und aufs Klo muss. Und deshalb beim Kaffeekochen nervös durch die Küche trippelt. Wenn M. dann endlich geschminkt und geföhnt aus dem Bad tritt, stürmt Nele ohne Gruß an ihr vorbei, worüber M. dann den Kopf schüttelt und bemerkt, dass Nele morgens wahnsinnig schlecht gelaunt wäre und doch mal über ihr Leben nachdenken sollte.

Heute Morgen hat Nele mir gesagt, dass sie kaum geschlafen hat, weil M. die halbe Nacht mit ihrem Freund telefoniert hat, weil sie wissen wollte, ob er sie schon vermisst. Nele wettet, dass das nicht der Fall ist, weil er endlich mal Kaffeetassen ohne Rand, Tische ohne Krümel, getrennten Müll und ein freies Klo hat. Und dann hat sie mich gebeten, sie sofort niederzuschlagen, falls sie mal vorhat, mit irgendjemandem zusammenzuziehen. Ich habe nichts gesagt. Innerhalb der nächsten drei Wochen wird Nele sowieso wieder sagen, dass sie das Alleinleben so satt hat. Man will doch immer das, was man nicht hat.

Mit momentan zufriedenem Blick auf die aufgeräumte Küche grüßt

Ihre Dora Heldt

Das geht doch noch

Es gibt Besitztümer, von denen man sich nicht trennen kann. Ob aus Sentimentalität, Sparsamkeit oder aus Unlust, diese Gegenstände neu zu kaufen, sei mal dahingestellt. Das Schlimme ist nur, dass man selbst sich daran gewöhnt, während die anderen einen für bescheuert halten. Da kann man den Satz »Das ist noch gut, das kann man doch nicht wegwerfen« noch so überzeugend sagen. Meine Freundin Nele zum Beispiel hat einen Porzellankaffeefilter, an dem der Henkel abgebrochen ist, deswegen kann sie ihn beim Kaffeekochen nur mit zwei Topflappen anfassen. Aber weil der Kaffee trotzdem durchläuft, gibt es keinen Grund, einen neuen Filter anzuschaffen, der alte ist ja noch gut. Aber sie flucht immer beim Kaffeekochen, weil sie sich jedes Mal am heißen Filter die Finger verbrennt.

Anna trägt nicht gern Mützen, deshalb besitzt sie nur eine einzige, falls es draußen wirklich sehr kalt ist. Jetzt hat diese Mütze an der Seite seit zwei Jahren ein Brandloch, weil sie ihr mal ins Osterfeuer gefallen ist. Man kann das aber so umkrempeln, findet Anna, dass man das Loch nicht sieht, ansonsten ist die Mütze noch super, es gibt keinen Grund, eine neue zu kaufen und die alte wegzuwerfen. Anna sieht nur wirklich seltsam aus mit dieser Mütze, die über dem rechten Ohr immer so wurstartig hochgekrempelt ist.

Meine Freundin Barbara ist mir letzte Woche in der Sauna mit einem entenähnlichen Gang entgegengehumpelt. Sie hat sich nicht verletzt, ist auch nicht gestürzt, nein, bei ihren uralten Flip-Flops ist nur der Zehentrenner rechts aus der Sohle gerissen. In der Sohle war ein riesiges Loch, der Flip-Flop hielt nur noch, weil sie ihre Zehen um den Kunststoff krümmte und mit dem Fuß über die nassen Fliesen schlurfte. Sie sah dabei nicht elegant aus, hat aber gemeint, man könne das zu Hause sicherlich kleben. Sie wüsste, dass man in der Sauna neue kaufen könne, ihre wären aber doch noch gut. Warum sollte sie Geld für neue ausgeben? Was soll ich sagen? Ich kenne das ja. Ich habe vor ein paar Jahren eine hochmoderne Musikanlage geschenkt bekommen. Kann angeblich alles. Ich kriege sie bloß nicht an. Und zwar gar nicht. Und die Gebrauchsanweisung ist auch verschollen. Mein Liebster hat mir schon dreimal erklärt, wie das Ding funktioniert, ich habe es aber vergessen. Deshalb höre ich ausschließlich Musik mit meinem alten Radiowecker, der jetzt im Bad steht. Ist ärgerlich, aber ich kann doch so eine moderne Anlage nicht einfach entsorgen. Ich habe auch keine Lust, mir ein neues Bügelbrett zu kaufen, nur weil das alte etwas kaputt ist und schief steht. Man muss nur eine andere Bügeltechnik entwickeln, dann geht das. Aber seit der Sache mit den Flip-Flops denke ich jetzt doch noch mal nach. Ich mache beim Bügeln nämlich auch keine elegante Figur. Und es geht auf den Rücken. Vielleicht sollte ich das eine oder andere doch konsequenter entsorgen. Am Beginn einer Bestandsaufnahme grüßt

Ihre Dora Heldt

Kleine Prinzen

Heute habe ich mich aufgeregt. Über eine gute Freundin. Mit der ich schon lange befreundet bin, weil sie eigentlich eine kluge, selbstbewusste, lustige, unprätentiöse und normale Frau ist. Oder war. Jetzt aber scheinen sich ihre Gehirnzellen verklebt zu haben, anders lässt es sich nicht erklären, warum sie plötzlich so durchdreht. Dabei hat sie sich nur verliebt. Was ja nichts Schlimmes ist, sondern eigentlich ein Glück. Sie hat es mir am Telefon erzählt, ganz aufgeregt und mit einer helleren Stimme als sonst. Okay, dachte ich, wenn man verliebt ist, dann ist das so. Man wird albern und ein bisschen irre, das verliert sich aber wieder mit der Zeit. Spätestens wenn die neue Liebe eine Tatsache geworden und der Prinz vom Pferd gestiegen ist. Trotzdem hat es mich gefreut. Liebesgeschichten finde ich immer schön, vor allem wenn sie noch passieren, obwohl man gar nicht mehr damit gerechnet hat. Wir sind ja alle keine zwanzig mehr.

Wie auch immer, es hat sie erwischt, und am Wochenende wollte sie Nele und mir den Prinzen vorstellen. Wir waren gespannt. Und wurden völlig überrascht. Nicht vom Prinzen, der ist sehr sympathisch, mit grauen Schläfen und leichter Altersweitsichtigkeit. Ganz normal. Nicht normal war unsere Freundin. Sie, die wir nur mit hohen Absätzen, rotem Nagellack und wilden Hochsteckfrisuren kennen, sie kam in Jeans, Bluse und Sneaker, kaum geschminkt, mit glatten Haaren, die zum Zopf gebunden waren. Nach zwanzig Jahren auf Absätzen schlurfte sie uns auf flachen Schuhen entgegen. Ihre Stimme war noch heller, ihr Lachen mädchenhaft, ihre Witze harmlos, dafür geht sie mit dem Prinzen jeden Morgen schwimmen.

Nele und ich sahen aber nur auf die Schuhe. Und fragten sie schließlich, ob sie etwas mit den Füßen hätte. Hat sie nicht, die Erklärung war eine ganz andere. Sie sei auf hohen Schuhen größer als der Prinz. Eine Frau sollte aber eine Handbreit kleiner sein. Wer auch immer solche Regeln in zurückliegenden Zeiten verkündet hat, Nele und ich fielen fast in Ohnmacht. Und das wird der Prinz auch, wenn unsere Freundin in wenigen Wochen ihren Verstand zurückbekommt und wieder so ist wie vorher. Groß, laut, eigentlich wasserscheu und mit schlechten Witzen. Darauf ist der Mann doch gar nicht vorbereitet. Das kann der doch nicht verarbeiten. Deshalb: Wenn Sie sich im kommenden Frühjahr wieder verlieben, bitte keine falschen Versprechen. Wir sind doch wirklich aus dem Alter raus, in dem wir tun müssen, als wären wir pflegeleicht. Und eine Handbreit kleiner als Prinzen. Sind wir nämlich nicht. Müssen wir auch nicht. In diesem Sinne, auf der Suche nach dem Pferd grüßt

Ihre Dora Heldt

Oh, wie das duftet

Letzte Woche war ich erkältet. Nicht so schlimm, aber genug, um zu Hause zu bleiben. Am Nachmittag kam Nele vorbei, um mich zu fragen, ob ich noch etwas bräuchte. Ihre zweite Frage galt dem Geruch in meiner Wohnung. Der sei furchtbar. Das ist natürlich völlig übertrieben, aber dadurch zu erklären, dass Gerüche durchaus emotional empfunden werden können. Mein Erkältungsgeruch ist nämlich eine Mischung aus Brustsalbe, Holunderbeersaft, Nudelsuppe und geschälten Apfelsinen. Alles zusammen. Genau das waren die Heilmittel, auf die meine Mutter schwor, wenn ihre Kinder leidend und unglücklich im Bett lagen. Allein der Geruch aus dieser Kombination führt bei mir zu einer tiefen Zuversicht, dass ich auch diese Erkältung heldenhaft überstehen werde. Das ist nämlich so bei Gerüchen. Im Gegensatz zu den anderen Sinnen ist das Riechen unmittelbar. Während beim Sehen, Hören und Fühlen alle Informationen erst mal in der Großhirnrinde sortiert werden müssen, geht ein Geruch direkt in den Ort des Gehirns, der für Gefühle,

Ängste, Vergnügen und Erinnerungen zuständig ist. Das sitzt sofort.

Es ist also kein Wunder, dass Menschen bei bestimmten Gerüchen sofort gut gelaunt oder sentimental werden. Mir geht das bei vielen Gerüchen so. Ein großes Glück empfinde ich beim Duft von Sonnenmilch, ich sehe sofort Meer und Strand, auch wenn ich in Wirklichkeit nur in der ersten Sonne des Jahres meinen Balkon aufräume. Mäht jemand Rasen, bin ich wieder acht Jahre alt und baue aus dem Rasenschnitt kleine Höhlen für Schlumpffiguren, in einem Baumarkt denke ich einen Moment an meinen verstorbenen Großvater, der in einer Sägerei gearbeitet hat. Fliedersträucher erinnern mich an den Geburtstag meiner Mutter, Zimtgeruch mag ich nur Weihnachten, gemahlener Kaffee in einer Einkaufstasche lässt mich an Kaffeetafeln und Geburtstage denken, eine bestimmte Körperlotion führt zu den Bildern eines Urlaubs, in dem ich mir die Lotion zum ersten Mal gekauft habe.

Nele hat sich meine nasalen Erklärungen geduldig angehört, ist dann aufgestanden und hat ein Fenster geöffnet, um einer Bewusstlosigkeit vorzubeugen. Sie findet den Geruch von Brustsalbe in Kombination mit Apfelsinen und Suppe furchtbar, vermutlich war sie als Kind nie erkältet. Dafür hat sie gebeichtet, dass der Grund, sich vor zwei Jahren auf einen unsympathischen Kollegen einzulassen, lediglich darin lag, dass er das gleiche Rasierwasser wie ihre erste Liebe benutzte. Und sie ihn deshalb so gut riechen konnte. Na bitte, das liegt einfach am direkten Weg des Duftes ins Hirn. Aber solange man dabei glücklich ist und gesund wird, ist das alles in Ordnung. Beim Eincremen mit Sonnenmilch trotz schlechten Wetters grüßt

Ihre Dora Heldt

Und dann: Käsebrot

Beim Essen gelte ich nicht als sonderlich experimentier-freudig. Das klingt erst mal nicht schlimm, ist aber bei Einladungen nicht immer einfach. Meine Oma pflegte zu sagen: »Was der Bauer nicht kennt, das frisst er nicht.« Das ist in meinem Fall vielleicht etwas übertrie-ben. Es gibt nur gewisse Dinge, die ich nicht gern mag. Warmes Obst, scharfe Gewürze, Innereien oder Essen mit komischer Konsistenz. Ich gehe damit ganz locker um, ich lasse alles Seltsame einfach weg, und wenn da-von zu viel auf dem Teller war, mache ich mir später zu Hause ein Käsebrot. Aber ich achte sehr darauf, den je-weiligen Gastgeber, der sich viel Arbeit gemacht hat, ge-nügend zu loben und mich auch jedes Mal zu bedanken.

Inzwischen bin ich eine Meisterin im Bauen von Türmchen unter Servietten, aber so komme ich immer gut durch. Das Ärgerliche ist nur, wenn man sich in ei-nem Restaurant irrt. Wenn da etwas auf der Speisekarte steht, was sich bekannt und gut anhört, aber dann völ-lig anders auf den Tisch kommt. Und dann sitzt man da, zahlt viel Geld und baut trotzdem einen Turm unter der Serviette, bevor man zu Hause Käsebrot isst. Das ist wirklich ärgerlich.

Deswegen überlege ich mir schon vorher, was ich bestellen will. Gestern hat dieser Plan aber nicht geklappt. Ganz und gar nicht. Ich war mit Freunden bei unserem Stammitaliener verabredet. Ich kenne die Karte hoch und runter und von links nach rechts, es sind kaum Überraschungen möglich. Dachte ich. Aber schon auf dem Weg erzählte mir Nele, dass sie einen neuen Koch hätten. Und zwar nicht irgendeinen, sondern DEN italienischen Koch. Ein Gott am Herd. Das wäre ganz großes Kino. Ich hatte mich eigentlich schon für Spaghetti bolognese entschieden, kenne ich, ist eine große Portion, und ich hatte Hunger. Aber als der Koch an den Tisch kam und die Abendkarte erklärte, traute ich mich nicht, vor lauter Begeisterung über Steinbeißer, Ibericо-Schwein und Lammkeule so etwas Einfaches zu bestellen. Ich tat so, als wäre ich unsicher, was nur seinen Ehrgeiz weckte. Er schlug mir alle einzelnen Fischgerichte vor, meinen skeptischen Blick beim Stichwort Pulpo nahm er als Anfeuerung, um mir sofort ein kleines Stück scharf zu braten und mich probieren zu lassen. Ich habe probiert, es ging. Und ich lächelte und kaute freundlich, weil er sich so eine Mühe gegeben hatte.

Als Dank bekam ich einen riesigen Teller voller Rucola und Massen von gebratenen Pulpostückchen. Nach drei Stückchen mit viel Brot mochte ich sie nicht mehr und überlegte, ob Bauern Pulpo kennen. Aber ich habe natürlich gesagt, es wäre gut gewesen, ich sei nur satt. Ich habe einfach kein kulinarisches Selbstvertrauen. Ich muss lernen, Köche auch mal zu verletzen. Wegen der Türme unter den Servietten. Mit Käsebrot in der Hand grüßt

Ihre Dora Heldt

Ruf doch mal an

Ich gehöre zu den Menschen, die ausgesprochen gern telefonieren. Wirklich. Ich mag es, nachmittags beim Kaffee Freundinnen anzurufen, ich finde es großartig, abends, mit einem Glas Rotwein in der Hand, Neles Liebesgeschichten durchzuhecheln. Ich stehe sogar gern mit einem Headset am Bügelbrett und höre mir an, was meine Schwester gerade gekocht hat. Aber es gibt auch andere Telefonate. Mit meinem Freund Heiner zum Beispiel. Der telefoniert eigentlich gar nicht so gern, aber er hat eine Freisprechanlage im Auto, und im Moment steht er ziemlich viel im Stau. Das macht ihm aber nichts aus, weil er in dieser Zeit wunderbar telefonieren kann.

Ich saß neulich am Schreibtisch und schrieb eine Kolumne. Die musste dringend fertig werden. Ganz unpassend klingelte das Telefon. Weil ich unkonzentriert und mit den Gedanken bei der Kolumne war, nahm ich das Telefonat an und wurde sofort angebrüllt. »Dora! Passt es gerade?« Heiner schreit nämlich in diese Freisprechanlage, weil er glaubt, dass man ihn sonst nicht hört. Ich antwortete höflich, ich hätte nur einen kleinen Moment, weil ich gerade an einer Kolumne sitzen würde. »Aha«, schrie er, das wäre ja prima, und schilderte sehr ausführlich, was ihm denn gerade passiert war. Die Schilderung wurde sehr lang, weil er zwischendurch noch andere Autofahrer lautstark auf ihr Fehlverhalten hinweisen musste und sich darüber aufregte, dass man im Tunnel ein schlechtes Netz hätte. Nach 15 Minuten habe ich vorsichtig gesagt, dass wir vielleicht später, wenn ich die Kolumne fertig hätte, noch mal telefonieren könnten. Er schrie, ja, das würden wir tun, dann war die Verbindung unterbrochen. Erleichtert tippte ich den angefangenen Satz weiter, nach zwei Sekunden rief er wieder an, weil der Tunnel vorbei war und er wieder ein Netz hatte. Er fuhr mit der Geschichte fort, brüllte dann die Frage, wo er eigentlich gerade sei, und teilte mit, dass er falsch war.

Inzwischen hatte ich mit zwei Fingern weitergetippt und geantwortet, er solle sich doch erst mal orientieren und mich später noch mal anrufen, dann wäre auch die Kolumne fertig. Das sei nicht nötig, brüllte er, er könne gleichzeitig fahren, sich orientieren und reden. Er schrie, und ich tippte, den Hörer etwas weiter vom Ohr entfernt, einfach ohne Groß- und Kleinschreibung weiter. Während ich einen halben Satz schaffte, fuhr Heiner brüllend 20 Kilometer, die Geschichten waren sehr lustig, die Beschimpfungen des Verkehrs auch, dann riss die Verbindung wieder ab. Nur fünf Minuten, und er war wieder dran und rief, er müsse leider aufhören, er wäre jetzt am Ziel. Und fragte dann noch, ob ich noch was Schönes vorhätte. »Eine Kolumne schreiben«, habe ich geantwortet, und er schrie: »Viel Erfolg.« Dann war Ruhe. Liebe Freisprechanlagenbenutzer: Man muss nicht schreien! Mit Grüßen, auch von Heiner,

Ihre Dora Heldt

Nobody is perfect

Leider habe ich ein gutes Gedächtnis, was absurde Situationen und Bilder angeht. Das ist ja weiter nichts Schlimmes, aber manchmal wünschte ich, dass es weniger Informationen und Bilder über Menschen gäbe, mit denen ich zu tun habe. Ich habe neulich eine entfernte Bekannte getroffen. Ich habe sie bislang immer bewundert, weil sie so attraktiv, gepflegt und charmant ist. Wie einem Katalog entsprungen, perfektes Styling, tolle Outfits. Wir haben uns leider bei einer Pediküre getroffen, zwischen uns war nur ein Vorhang, und ihre Fußpflegerin hatte eine laute Stimme. Und deshalb hörte ich sehr deutlich, dass es sich bei der kleinen Stelle unter dem hübschen Fuß keinesfalls um eine Verletzung, sondern um zwei Warzen handelt. Gleich zwei. Warzen! Ich weiß nicht, wie es Ihnen gegangen wäre, aber in meinem Kopf waren sofort furchtbare Bilder. Geprägt von den Brüdern Grimm und den Abbildungen diverser Hexen und sonstiger Gruselgestalten.

Natürlich weiß ich, dass Warzen unter Füßen etwas ganz Normales und auch überhaupt nichts Widerliches sind, aber ausgerechnet bei dieser hübschen Bekannten? Die ich immer für perfekt gehalten habe? Das war schade. Weil ich ihr jetzt bei jedem Treffen sofort auf die Füße starre. Und sobald jemand über sie spricht, in meinem Kopf der großgeschriebene Satz »Aber sie hat Warzen« hochkommt. Ich kann nichts dagegen tun.

Vor ein paar Jahren habe ich im Zug einem bekannten Schauspieler gegenübergesessen. Ich wurde fast aufgeregt. Nicht lang, nur wenige Minuten, dann schlief er nämlich ein. Jetzt ist es schwierig, ja fast unmöglich, auf einem Großraumwagensitz elegant und niedlich zu schlafen. Der Kopf knickt ja immer ab. Aber muss ein schöner Schauspieler mit offenem Mund und Speichelfäden in den Mundwinkeln vor mir röcheln? Er hat es getan, und ich kann mir keine Filme mehr ansehen, in denen er mitspielt, weil sich mein Bild aus dem Zug immer vor das Bild aus dem Film schiebt.

Diese Beispiele habe ich Nele erzählt. Die hat nämlich einen neuen Chef. Er ist sehr nett, kompetent und freundlich. Das Problem ist nur, dass Nele ihn im letzten Jahr auf einem Seminar getroffen hat. Sie kannte ihn damals nicht, er ist ihr nur aufgefallen, weil er etwas betrunken war und vergessen hatte, nach dem Toilettengang den Hosenschlitz zu schließen. So saß er lange da, mit etwas müden Augen und offener Hose. Das Bild ist leider bei Nele abgespeichert. Ich habe ihr empfohlen, mit den Fingern leicht auf die Schläfen zu klopfen und dabei immer »Hundewelpen« zu sagen, nur damit andere Bilder kommen. Aber im Nachhinein ist das natürlich schwer. Sie hat genickt und mich gefragt, wie meine Pediküre war. Ich habe ein Hühnerauge unter dem Fuß, seit drei Jahren, und es geht einfach nicht weg. Sehen Sie, jetzt haben Sie auch ein Bild. Sorry, aber so ist das. Mit den besten Grüßen

Ihre Dora Heldt

Freunde der Küste

Es gibt kaum Postkarten, Bilder, Buchumschläge oder Souvenirs der Küste, auf denen keine Möwen abgebildet sind. Unsere Freunde der Küste erfreuen sich grenzenloser Beliebtheit und wecken sehnsüchtige Gedanken. Deshalb fand ich es immer unmöglich, dass es tatsächlich Menschen gibt, die diese schönen Tiere nervig finden, weil sie zu laut, zu viele und außerdem zudringlich sind. Auf einigen Inseln gibt es sogar ein Fütterungsverbot, was bei Verstoß eine Geldstrafe nach sich zieht. Unmöglich, dachte ich, wirklich unmöglich.

Bis ich jetzt mit Freundin Luise mal wieder auf einer Insel war. Mir war den ganzen Tag nicht richtig gut, ich hatte noch nichts gegessen, und wir kamen an einer Fischbrötchenbude vorbei. Weil ich langsam auch Kopfschmerzen bekam, schlug ich vor, doch ein Fischbrötchen zu kaufen. Luise fand die Idee super, zückte auch gleich ihr Portemonnaie und wollte mich einladen. An der Kasse war es voll, ich ging mit meinem Brötchen schon mal ein Stück vor und wollte gerade reinbeißen, da hörte ich es. Ein Rauschen in der Luft, ein seltsames Geräusch, und plötzlich fiel ein Schatten über mich, ein großer Schatten. Und jemand zog an mir herum. Nicht, dass Sie denken, ich hätte wegen Unterzuckerung Wahnvorstellungen gehabt, nein, das, was da zog, hing an meinem Brötchen. Auf dem übrigens Brathering war. Mit Zwiebeln. Ich war immer davon ausgegangen, dass so was nicht unter Vogelfutter fiel. Ein Irrtum.

Die Möwe, die am Brathering hing, entwickelte mörderische Kräfte, ich auch, trotzdem verlor ich das Duell, der Vogel zog mit der Hälfte ab, und aus einem Reflex feuerte ich den Rest hinterher. Inzwischen war Luise mir nachgekommen, hatte aber nicht den ganzen Kampf beobachtet, sondern nur meinen wütenden, aber nicht schlecht gezielten Wurf.

Ich habe die Möwe nämlich noch erwischt. Irritiert hat Luise mich gefragt, wieso ich denn ein Fischbrötchen bestellt hätte und warum ich es in die Gegend, statt in den Mülleimer werfe, wenn ich es nicht essen wolle. Und bevor ich antworten konnte, rannte eine Frau auf mich zu. Sie sah wütend aus, fuchtelte mit den Armen und hatte sehr schlechte Laune. Sie giftete sofort los, diese widerlichen Möwen hätten sie gestern auch angefallen, und dabei wäre sie gestürzt und hätte fast einen Herzinfarkt bekommen. Und fügte hinzu: »Und so naive Weiber wie Sie füttern diese Mistviecher auch noch. Man sollte Sie anzeigen!«

Ich habe nichts gesagt. Ich fand es nur ärgerlich, dass

ich nicht mal mehr ein kleines bisschen Brathering in der Hand hatte, mit dem ich sie hätte bewerfen können. Und gedacht, dass manche Tage einfach doof sind. Und mir vorgenommen, nie wieder Fischbrötchen auf einer Strandpromenade zu essen. Man weiß ja nicht, wer sich darüber alles noch so aufregt. Mit Marmeladenbrot bei geschlossenem Fenster grüßt

Ihre Dora Heldt

Läster-Schwestern

Neulich habe ich in einem Artikel gelesen, dass wir ein gutes Drittel unserer Gesprächszeiten damit verbringen, über Menschen, die gerade nicht anwesend sind, zu lästern. Das machen Frauen übrigens häufiger als Männer, was die Forscher damit erklärten, dass sich unsere Urahninnen mangels Körperkraft nicht ständig prügeln konnten, sondern ihre Aggressionen auf andere Weise abarbeiten mussten. Das lasse ich mal unkommentiert so stehen. Wenn es denn irgendwelche Forscher herausgefunden haben. Wobei die Körperhaltung von Frauen, die gerade über eine andere lästern, auch als aggressiv verstanden werden kann, betrachte man nur die verschränkten Arme vor der Brust, die schmalen Augen und die zusammengepressten Lippen, wenn die Bosheit den Mund verlassen hat.

Wie auch immer, ich finde Lästern unmöglich. Das habe ich auch schon zu Freundin Karola gesagt, die eine Meisterin darin ist. Sie hat es verteidigt und gemeint, dass Lästern auch durchaus etwas zur sozialen Kontrolle beitragen kann. Man bestätigt seine eigenen Werte, wenn man über die Verfehlungen anderer spricht, gemeinsame Feindbilder sind gut für Beziehungen, man fühlt sich selbst besser, wenn man hört, was die Mitmenschen an schrecklichen Dingen machen, und außerdem kann es ja auch sein, dass jemand, über den schlecht gesprochen wird, das hört und sein Verhalten sofort verändert.

Mein Gegenargument, dass es ja besser wäre, es gleich persönlich zu sagen, wurde abgetan. Das könne man so nicht sagen, Lästern würde sich schließlich häufig aus einem Gespräch ergeben. Damit hatte sie leider recht. Letzte Woche haben wir in einer Kneipe gesessen und uns über eine gemeinsame Freundin unterhalten. Wir haben überhaupt nicht gelästert, sondern uns nur gegenseitig erkundigt, ob die andere mal was von ihr gehört hatte. Sie hat nämlich Karolas Geburtstag vergessen. Noch nicht mal ein Anruf war drin, sie ist regelrecht abgetaucht. Als Trost habe ich dann gesagt, es läge vielleicht an ihrem neuen Freund, den hätte ich zwar noch nie gesehen, aber gehört, dass er ein ziemlicher Idiot sein soll. So ein Typ, der alles bestimme, ihre Freunde gar nicht kennenlernen wolle, der sich nur um sich drehe, kurz, genau so ein Macho, wie sie ihn immer gewollt habe. Karola stimmte sofort zu und meinte, unsere Freundin würde ja immer schnell auf so was reinfallen, kein Selbstvertrauen haben und unfähig sein, allein zu leben. Wir schwiegen kurz, weil wir froh waren, dass wir nicht so sind. Und dann hörten wir die beleidigte Stimme vom Tisch hinter uns. »Hallo, Karola, hallo, Dora, darf ich euch den Idioten vorstellen?«

Tja, wie gesagt, ich finde Lästern unmöglich, auch wenn es sich aus einem Gespräch ergibt. Da hilft kein einziges Forschungsergebnis. Mit einer Freundin weniger und guten Vorsätzen, was die Gespräche über andere betrifft, grüßt

Ihre Dora Heldt

Nur ein Schnupfen

Ob es Ihnen auch so geht, weiß ich nicht, aber ich habe nach wie vor Sätze meiner Mutter im Kopf, die ich nicht löschen kann. Neben eher unwichtigen wie »Du kannst doch die Weingläser nicht in die Spülmaschine stellen« (doch, mache ich inzwischen, wenn auch mit schlechtem Gewissen) oder »Setz dich ordentlich hin, du bist ein Mädchen« (ich schlage gegen den Rat meines Orthopäden immer die Beine übereinander) gibt es einen Satz, den ich letzte Woche mal wieder verflucht habe: »Du bleibst ja wohl wegen eines Schnupfens nicht zu Hause.« Bin ich nicht und, ich schwöre es, Mama, das war das letzte Mal. Ich hatte am Vorabend nämlich schon Halsschmerzen. Einseitig nur, aber deutlich. Außerdem war mein Kopf komisch, meine Nase kribbelte, und mir war kalt. Aber man bleibt nicht wegen eines Schnupfens im Bett, also machte ich mich auf den Weg nach München zu einer Besprechung im Verlag, die sicherlich wichtig, aber vermutlich nicht lebensnotwendig war.

Dort angekommen war ich noch schlapper, aber bis zum nächsten Vormittag würde es bestimmt besser sein.

War es nicht, morgens war die Nase zu, der Hals beidseitig schmerzend, ich fing an zu husten und hatte alle zehn Minuten Schweißausbrüche, die nicht irgendwelchen Hormonen geschuldet waren. Zufällig rief mich auch noch meine Mutter an, die meinen nasalen Ausführungen geduldig folgte und auf meine selbstmitleidige Information, dass ich wohl grippekrank wäre, antwortete: »Ich hatte letzte Woche auch so ein bisschen Schnupfen, ich habe die ganze Rosenhecke geschnitten.« Im Besprechungsraum gingen sofort die ersten Kollegen mit der Frage »Sag mal, bist du erkältet?« oder »Steck mich bloß nicht an, ich habe nächste Woche Urlaub« auf Abstand. Sobald ich hustete, erntete ich skeptische Blicke und ein verständnisloses Kopfschütteln. »Wieso bist du nicht im Bett geblieben?« Ich wollte erst antworten: »Weil meine Mutter …«, das ging aber nicht, weil die nächste Niesattacke folgte.

Von der Sitzung habe ich gar nicht so viel mitbekommen, mit Watte im Schädel gibt es einfach Verständnisschwierigkeiten, aber die wohlmeinenden Kommentare der Kollegen »Verschlepp das bloß nicht«, »Anstatt dich auszukurieren …« bis hin zu »Das Fliegen mit Grippe ist ganz schön gefährlich« habe ich alle für meine Mutter notiert. Auf dem Rückflug abends nach Hamburg dachte ich tatsächlich, dass meine Ohren gleich explodieren, ich hielt mich aber immer noch tapfer, bis der Anzugträger neben mir leise zischte, dass man doch als

Virenschleuder nun wirklich nicht das ganze Flugzeug anstecken müsste. Da habe ich ihn dann mit Zornestränen angesehen und geantwortet, ich würde mich sehr bemühen, ausschließlich ihn anzustecken. Zu Hause angekommen habe ich sofort meine Mutter angerufen und ihr gesagt, dass das einer ihrer blödesten Sätze ist. Ihre Antwort »Wieso, du hast es doch überlebt« ist auch nicht viel besser. Mit verstopfter Nase und unsinnigen Sätzen im Kopf grüßt

Ihre Dora Heldt

Leicht gereizt

Vor vielen Jahren habe ich einmal in einem Dorf gewohnt, von dessen Einwohnern mir nur eine alte Frau nachhaltig in der Erinnerung geblieben ist. Sie verbrachte einen Großteil ihres Tages damit, an der Straße zu stehen und drohend mit einem Stock zu fuchteln, wenn man zu schnell Auto oder freihändig Fahrrad fuhr, wenn man zu kurze Röcke trug, auf der Straße rauchte, zu laut lachte oder redete, einen Hund ohne Leine bei sich hatte oder Hand in Hand mit dem Angebeteten ging. Also eigentlich immer, wenn jemand vorbeikam, der sich nicht an die Regeln hielt, die sie aufstellte. Und sie fuchtelte nicht nur mit dem Stock, sie brüllte einem auch die Art der Verfehlungen hinterher.

Ich fand sie so alt und böse, dass ich zum Teil schon Umwege ging oder fuhr, um ihr nicht vor den Stock zu laufen. Ihr Alter weiß ich gar nicht mehr, wenn man jung ist, kommt einem ja jeder über 50 steinalt vor. Vielleicht war sie gar nicht so alt, wie ich dachte. Vielleicht war sie auch gar nicht so böse, wie ich dachte, vielleicht hatte sie nur so eine Art Altersungeduld. Oder Altersgereiztheit. Und vielleicht, und jetzt komme ich zum Thema dieser Kolumne, konnte sie da gar nichts gegen tun. Vielleicht ist dieses Benehmen hormonell oder altersbedingt. Ähnlich wie die unerklärliche Albernheit und das Beleidigtsein in der Pubertät oder die Stimmungsschwankungen in den Wechseljahren. Plötzlich ist man in einem Alter, in dem man altersgereizt und ungeduldig wird.

Man wacht morgens auf und fühlt sich anders. Ich befürchte, bei mir ist das passiert. Einfach so, von heute auf morgen. Ohne darauf einwirken zu können. Das habe ich letzte Woche gemerkt, als ich von meinem Balkon aus gesehen habe, dass die blonde Frau aus dem gegenüberliegenden Haus schon wieder einen ganzen Karton in die Altpapiertonne gestopft hat. Das macht sie dauernd, sie ist zu blöde, einen Karton zu zerreißen, damit auch andere Menschen ihr Papier wegwerfen können. Ich habe sie schon seit ein paar Wochen im Blick. Gut, vielleicht hätte ich mich nicht über den Balkon beugen müssen, um ihr meine Beobachtungen hinterherzubrüllen, aber jetzt bin ich es wenigstens mal los. Genauso wie meine schlechte Laune, als ich heute mein Leergut zurückbringen wollte. Vor dem Automaten standen nämlich zwei Frauen, die einen ganzen Einkaufswagen voller leerer Flaschen hatten. 72 Flaschen, ich habe auf die Anzeige gesehen, 72. Sie haben fast eine Viertelstunde den Automat blockiert. Kaum Wasser, fast nur

Bier und Mixgetränke. Ich hörte mich plötzlich laut sagen, dass ich mir nicht vorstellen könnte, in einer Wohnung, die so voller Leergut ist, leben zu können. Zumindest nicht nüchtern. Sie haben mich nur verwirrt angesehen. Und sind schnell gegangen. Darum meine Bitte: Falls Sie mich irgendwo mit einem Stock sehen, bitte nehmen Sie ihn mir weg. Egal, was ich sage. Ich stehe erst am Anfang dieser Phase, die hört schon wieder auf. Das hofft zumindest

Ihre Dora Heldt

Bitte mit Brille

Eine der auffälligsten Veränderungen, die uns beim Älterwerden ereilt, ist das Tragen einer Gleitsichtbrille. Und zwar dauerhaft. Das ist mir schon in den letzten Monaten im Bekanntenkreis aufgefallen, plötzlich tauchen Menschen mit Brille auf, die ihr Leben lang nackte Gesichter hatten.

Und es ist mir in letzter Zeit umso mehr aufgefallen, als dass ich nun auch dazugehöre. Ich trage seit ein paar Wochen ein Brille. Eine, die ich abends auf den Nachttisch lege und morgens wieder aufsetze. Das ist für lebenslange Fehlsichtige das Normalste der Welt, für mich noch neu.

Es ist nicht so, dass ich noch nie eine Brille hatte, ich war früher leicht kurzsichtig, aber so leicht, dass ich die Brille nur zum Autofahren getragen habe. Als ich vor einigen Jahren auch anfing, Speisekarten mit ausgestreckten Armen zu lesen, habe ich einen Sehtest gemacht und seitdem eine Lesebrille in der Tasche. Eine Eigenschaft dieser Lesebrille ist aber ihre Unauffindbarkeit. Egal, wo ich sie hingelegt habe, sie ist weg. Und

dann sitzt man vor einem Beipackzettel, einer Backan-
leitung, einer Gebrauchsanweisung oder dem Handy-
display und kommt nicht weiter. Und steht auf, um
diese Brille stundenlang zu suchen. Ich habe Brillen-
ketten seit der Begegnung mit meiner Lehrerin abgelehnt, ich will die Brille nicht auf den Kopf schieben,
weil dadurch ständig das Gestell verbiegt, in der Tasche
ist es mir auch verbogen, also habe ich die Brille immer
gesucht.

Als ich vor Kurzem dreimal Bodylotion statt Shampoo
gekauft habe, war es genug. Ich habe jetzt Gleitsicht.
Und gewöhne mich langsam dran. Das ist natürlich
nichts gegen die Fehlsichtigkeit einer Bekannten, die
mir erzählte, dass sie nach einem Saunagang, natürlich
ohne Brille, nackt in ein Kaltwasserbecken sprang und
ihren dort bereits schwimmenden Ehemann fröhlich
immer und immer wieder untertauchte. Zumindest so
lange, bis sie die Stimme ihres Mannes hörte. Allerdings
vom Beckenrand, wo er stand und interessiert fragte,
was sie denn dort genau mache. Ich weiß nicht, ob dem
nach Luft schnappenden fremden Mann die Entschuldigung mit der fehlenden Brille reichte, aber es ging wohl
glimpflich aus.

Da bin ich nur froh, dass ich große Dinge noch gut
sehen kann und meine kleinen Probleme mit der neuen
Brille im Griff habe. Bleiben Sie also entspannt, wenn
ich ohne Brille aus der Sauna komme, ich scheitere nur

am Kleingedruckten. Mit geschärftem Blick und Dank an meinen Optiker grüßt

Ihre Dora Heldt

Beleidigt sein

Meine Freundin Nele hat sich fürchterlich über eine Kollegin aufgeregt. Sie hat eine Eigenschaft, die Nele langsam in den Wahnsinn treibt. Sie ist beleidigt. Nicht dauernd, aber sehr oft. Und aus ganz verschiedenen Gründen, die sich den anderen aber kaum erschließen. Beim letzten Mal ging es um die Klimaanlage im Büro. Die war nämlich falsch eingestellt, was dazu führte, dass es in den vorderen Büros sehr kalt wurde, während in den hinteren Büros Saunatemperaturen herrschten.

Weil die Kollegen vorn aber im Lauf des Tages ihre Jacken anziehen mussten, wurde die Anlage bis zur Ankunft des Technikers ausgestellt. Sonst wären die erfroren. Die Kollegin lief plötzlich mit zitternder Unterlippe und traurigen Augen stumm durch die Büros, und Nele machte sich Sorgen, ob dieser Zustand vielleicht durch eine schlimme Nachricht ausgelöst worden sei.

Die Kollegin verbat sich die Frage und fing fast an zu weinen. Und irgendwann kurz vor Feierabend sagte jemand, dass sie so verletzt wäre, weil sie den ganzen Tag geschwitzt hat, nur weil die aus den vorderen Büros die

Klimaanlage ausgestellt hätten. Das wäre so fies gewesen. Tja. Ich habe übrigens 63 Synonyme für den Begriff »Beleidigtsein« gefunden. Dafür gibt es Wörter wie grollen, zürnen oder maulen, aber auch verdrießlich oder unleidlich sein.

Gründe, es zu werden, gibt es natürlich viel mehr. Das können böse Blicke, schlechte Witze, Missverständnisse oder Missachtungen sein, das ist nach oben offen. Selbst Affen sind beleidigt, wenn sie statt einer Traube ein Stück Gurke von ihrem Tierpfleger bekommen, und ignorieren ihn erst mal für ein paar Stunden. Das ist genau das Perfide. Wenn jemand beleidigt ist, verweigert er nämlich die Kommunikation. Da macht sich der Rest der Welt Gedanken, und der oder die Beleidigte sagt nichts, sondern schmollt nur. Und alle anderen müssen raten, warum.

Früher galt Beleidigtsein als eine Frauenspezialität, das ist heute vorbei. Männer können angeblich nicht mehr so gut über ihre Gefühle reden, deswegen schnappen sie nun auch ein. Weil, und das ist eine von vielen Erklärungen, man beleidigt ist, wenn man mit der Wucht seiner Gefühle nicht umgehen kann. Habe ich gelesen. Und an dieser Stelle kommt mein Aufruf: Bitte schreit mich an, schreibt mir Zettel, knallt mit den Türen, was auch immer, aber seid nicht beleidigt. Ich kann das nicht leiden.

Weil ich keine Lust habe, stundenlang zu raten, was

genau ich verbrochen habe. Und bis ich auf die Klimaanlage komme, ist der Tag vorbei. Und das ist einfach
schade um die Zeit. In diesem Sinne grüßt mit einem
aufmunternden: »Was genau ist los?«

Ihre Dora Heldt

Technik-Göttinnen

Ich kann mich noch gut erinnern, wie skeptisch die Generation meiner Großmutter mit neuen Geräten umging. Damals handelte es sich lediglich um schnurlose Telefone, Videorekorder oder Radiowecker, deren Bedienung man nicht verstand und die deswegen rundweg abgelehnt wurden. Die nachfolgende Generation ist da ganz anders. Meine Mutter und meine Tante können beide mit Computern umgehen, E-Mails schreiben, Glückwunschkarten ausdrucken, sogar ihre Fotos archivieren. Sie haben keine Berührungsängste, trauen sich alles zu. Und wenn etwas nicht geht, rufen sie uns an. Sie erklären die Fehlermeldung zwar etwas umständlich »Da ploppt immer so ein Bild auf, das gehört da nicht hin« oder »Jemand hat meine E-Mail-Adresse gelöscht«, aber meistens sind das nur Kleinigkeiten, die einer von uns wieder aufräumen kann. Sie machen mit in der digitalen Welt, das ist für sie selbstverständlich.

Aber jetzt haben sie eine neue Ebene erreicht. Sie haben beide ein Smartphone und hatten von WhatsApp-Gruppen gehört. Und sind begeistert auf diesen Zug aufgesprungen. Wir könnten doch eine Familien-Whats-App-Gruppe gründen, dann müsste man nicht mehr jeden Einzelnen informieren, wann es wo was zu essen gibt. Und die Geburtstage können nicht mehr vergessen werden, weil einer von uns bestimmt dran denkt und die anderen sich doch dann einfach anschließen könnten. Und man könnte lustige Fotos verschicken, das wäre eine tolle Idee, und einer von uns solle das bitte anlegen.

Wir haben es gemacht. Unsere Gruppe heißt kurz »Sippe« und wird mittlerweile täglich benutzt. Ich verbringe relativ viel Zeit damit, Meldungen meiner Mutter oder Tante zu entschlüsseln. Bei Sätzen wie »Wildtiere zu Rums Essener können« habe ich meine Cousine angerufen, die hat vermutet, dass es »Willst du zum Rouladenessen kommen?« bedeutet, was tatsächlich gestimmt hat. »Hole Sieb vom Bahnhofsvorbau« habe ich selbst entschlüsselt, weil ich gefragt hatte, wer von uns meinen Bruder vom Bahnhof abholen könnte, meine Mutter hat es gemacht. Ihre anschließende Frage: »Weißt Divan der zugekommen« habe ich sofort mit »Der Zug kommt um 15.35 Uhr an« beantwortet. Manches geht leicht. Das findet meine Schwester auch gut, sie freut sich fast zehn Minuten lang auf die neueste Nachricht, wenn im Display die Meldung »Mama schreibt ...« auftaucht.

Meine Mutter nimmt sich nämlich Zeit für die Familiengruppe. Ich finde das wunderbar. Es ist ja alles Übung, und irgendwann haben sie auch die Autokorrektur im Griff. Das erklären wir ihnen noch mal. Und auch, dass wir jetzt alle genug Katzenbilder haben. Aber die Gruppe pflegen wir weiter. Oder, wie meine Tante schrieb: »Das mähen wir so.« Macht mal, ich freue mich auf das Pling meines Telefons, mit Grüßen von der Sippe

Ihre *Dora Heldt*

»Hallo, du, alles gut?«

Ja, ich gebe zu, dass ich dazu neige, mich hin und wieder aufzuregen. Und manches im Leben zu ernst nehme. Aber anscheinend kommt das gerade aus der Mode, weil immer mehr Mitmenschen beschlossen haben, genau das nicht mehr zu tun und ständig entspannt zu sein. Oder die Absicht haben, mich mit einer Floskel zu beruhigen. Eine der meistgehörten Antworten auf die ernsthafte Frage nach einem Befinden lautet nämlich im Moment: »Du, alles gut.«

Auch wenn man weiß, dass derjenige sich gerade mit Stress im Job oder Krisen in der Beziehung beschäftigt. Natürlich kann es auch sein, dass der Befragte findet, dass es mich überhaupt nichts angeht, und das mit dieser Antwort höflich zum Ausdruck bringen will, aber es geht mir langsam auf die Nerven. Diese Floskel wird zudem immer öfter als Gesprächsbeginn benutzt: »Hallo, schön dich zu sehen, alles gut?« Natürlich traut sich kein Mensch, diese freundliche Frage mit der Antwort »Nein, mein Leben ist gerade eine einzige Katastrophe, soll ich dir mal die Einzelheiten erzählen?« zu beantworten, man will sein Gegenüber ja auch nicht überfordern. Aber kann man diese Frage nicht anders stellen? Oder besser, kann man diese Frage nicht gleich ganz lassen? Weil es doch sowieso keine Antwort gibt, es sei denn, man lässt sich auf das Spiel ein und sagt freundlich: »Ja, ja, alles gut« – was dieses Gespräch komplett überflüssig macht.

Genauso überflüssig wie eine andere Floskel. »Das haben wir noch nie gehabt.« Die wird gern von erstaunten Mitarbeitern bei Reklamationen eingesetzt. Das musste ich mir anhören, als ich meinen neuen Koffer, übrigens der erste wirklich teure Koffer, den ich mir je gekauft habe, in den Laden zurückgebracht habe, weil der Griff schon nach der ersten Reise nicht mehr ausziehbar war. Das fröhliche »Das haben wir ja noch nie gehabt« löst bei mir sofort schlechte Laune aus, weil ICH das Problem jetzt trotzdem habe. Und nicht glauben kann, dass ich die Allererste und Einzige bin. Und nein, es war nicht alles gut, der Koffer hat nämlich noch Garantie und musste zur Reparatur eingeschickt werden.

Bei der Abholung wollte ich mich gar nicht aufregen, aber bei der Begrüßung »So, alles gut« habe ich Kraft gebraucht, um nicht laut zu werden. Ich komme nämlich langsam zu der Überzeugung, dass dieses »Alles gut« genau zwei Möglichkeiten der Interpretation zulässt. Erstens: Ich will nicht darüber reden. Und zweitens: Ich will nichts zu diesem Thema hören. Ja, Leute, dann sagt es doch einfach. Das können wir doch viel schneller haben. Und dann kann ich auch wieder jemandem glauben und mich darüber freuen, dass bei ihm oder ihr wirklich alles gut ist. Was ja eigentlich eine sehr schöne Aussage ist. In diesem Sinne: Ich hoffe, es wird alles gut, mit besten Grüßen

Ihre Dora Heldt

Immer pünktlich

An dieser Stelle glaube ich schon mal erwähnt zu haben, dass ich zu den Menschen gehöre, die extrem pünktlich und eher zu früh sind. Ich hasse es, zu spät zu kommen oder womöglich noch hetzen zu müssen. Das passiert mir nie. Deshalb habe ich auch noch nie einen Zug verpasst. Weil ich jedes Mal mindestens eine halbe Stunde vor der Abfahrt am Bahnsteig stehe. Und zwar genau in dem Abschnitt, in dem mein Wagen mit meinem reservierten Platz hält. Das beruhigt mich. Auch wenn es kalt ist. Aber ich möchte auf keinen Fall den Zug verpassen. Wie gesagt, bis zur letzten Woche habe ich das auch noch nie erlebt. Und dann ergab sich eine Verstrickung von Unwägbarkeiten.

Ich stand dieses Mal sogar 40 Minuten vor Abfahrt am richtigen Gleis, im richtigen Abschnitt und sah mir ganz entspannt das turbulente Treiben auf dem Frankfurter Bahnhof an. Und plötzlich entdeckte ich einen alten Kollegen, einen sehr netten, den ich lange nicht mehr gesehen hatte. Er sah mich auch und freute sich, wir begrüßten uns, stellten fest, dass wir sogar denselben Zug gebucht hatten, kamen sofort schwungvoll ins Plaudern, sprachen über Job, seine Kinder, Reisen, eben über dieses und jenes. Ganz im Hintergrund hörte ich irgendwann eine Durchsage, in der das Wort Hamburg vorkam, dann redeten wir weiter.

Auf dem Bahnsteig entstand Bewegung, mein Kollege erzählte sehr spannend von einem Theaterbesuch, plötzlich kam der Zug, und wir stiegen ein. Seltsam war, dass es weder meine Wagennummer noch meinen Platz gab, wir merkten, dass das der falsche Zug war, kamen aber rechtzeitig wieder raus. Unsere empörte Frage an den Bahnmitarbeiter, wo denn unser Zug sei, wurde mit einem irritierten Kopfschütteln beantwortet. Natürlich haben wir uns sofort aufgeregt, der Zug war nämlich weg, weil es eine Gleisänderung gegeben hatte, die nicht bei uns angekommen war. Ich war richtig wütend, schließlich war ich so früh da gewesen, hatte keine Schuld, und es war mir noch nie passiert, das wäre ja das Letzte. Als ich Luft holen musste, sah mich der Mann freundlich an und teilte mir mit, dass wir fast zehn Minuten vor unserem wartenden Zug gestanden hatten und uns nur hätten umdrehen und einsteigen müssen. Das andere Gleis war hinter uns gewesen, das hätte auch auf der Anzeigetafel gestanden. Wir hatten es nicht gesehen, wir haben ja so viel geredet. Er hat uns trotzdem eine neue Verbindung rausgesucht, nur ein bisschen gelacht und uns viel Glück gewünscht. Deshalb entschuldige ich mich an dieser Stelle kleinlaut für meine Empörung und werde in Zukunft auf die Anzeigetafeln achten. Und einen Gruß an Peter, jetzt sind wir ja wieder auf dem Laufenden. Herzlichst

Ihre Dora Heldt

Ganze Kerle

Gestern bin ich in den Bus gestiegen und habe einen freien Platz gegenüber zweier Jungs gefunden. Sie waren vielleicht zwölf oder dreizehn, mit coolen Klamotten, coolen Frisuren, trugen ähnliche Jacken und hatten offensichtlich gerade gestritten. Das ließ zumindest das wütende: »Hast du doch!«, das ich noch gehört habe, erahnen. Der eine der beiden hatte seine Cola-Dose so umklammert, dass seine Fingerknöchel schon ganz weiß waren, der andere seine Lippen zusammengepresst, in der Hand eine Laugenbrezel, mit der er hin und her wedelte. Sie sahen in entgegengesetzte Richtungen, beleidigt, böse, der mit der Brezel sogar kurz vor den Tränen.

Mir tat das sehr leid. Ich überlegte kurz, einen Versuch zu machen, diesen Streit zu schlichten, fand das aber zu distanzlos. Welcher Junge in diesem Alter möchte von einer fremden Frau versöhnt werden? Bevor ich mit meiner Überlegung ganz abgeschlossen hatte, wurde meine und auch die Aufmerksamkeit der beiden Jungs von einem anderen Streit hinter uns abgelenkt. Dieses

Mal von zwei etwa gleichaltrigen Mädchen, die gerade laut keifend eingestiegen waren. »Du bist so bescheuert!«, rief die eine schließlich, die schrille Antwort kam prompt: »Mit dir blöden Kuh rede ich doch gar nicht mehr!« Hier mischte sich eine andere Frau mit einem beruhigenden »Na, na, wir sind hier im Bus, wenn ihr streiten wollt, dann steigt aus« ein, worauf eine der beiden nach vorn, die andere nach hinten stapfte, um wütend in Tränen auszubrechen. In diesem Moment reichte einer der Jungs die Dose zur Seite. Ohne seinen Freund anzusehen. Und sagte nur ein Wort: »Cola?« Nach einer kleinen Pause nahm der Junge die Dose, hob seine Hand und antwortete: »Brezel?« Sie teilten beides. Schweigend. Und sahen sich ein paar Minuten später kurz an. Ganz kurz. Und noch ein paar Minuten später sagte der, der eben noch so unglücklich ausgesehen hatte: »Und? HSV?«

Fasziniert habe ich zugesehen und mir Gedanken gemacht, ob ich hier ein Musterbeispiel von männlicher und weiblicher Streitkultur vorgeführt bekommen hatte. Geht das schon so früh los? Dass Männer nicht reden, sondern vor sich hin schweigen? Und sich überlegen, was sie jetzt tun sollen? Und dann etwas tun. Ohne zu reden. Und ist es so, dass Frauen schnell schreien? Und dann weglaufen? Und beleidigt sind?

An der nächsten Busstation sind übrigens beide Streitpaare ausgestiegen. Die Mädchen stoben sofort in ge-

gensätzliche Richtungen davon, nicht ohne der anderen noch etwas hinterherzurufen. Die beiden Jungs gingen langsam nebeneinander her. Ich konnte nicht mehr sehen, ob sie noch miteinander sprachen, aber ihre Körperhaltung war zugewandt. Irgendwie hat mir das gefallen. Mit dem Vorsatz, nie mehr ohne ein Getränk in ein Konfliktgespräch zu gehen, grüßt

Ihre Dora Heldt

Denken und Putzen

Es gibt Menschen, die augenscheinlich alles so gut hin-
kriegen, dass man ganz ehrfürchtig wird. Ich war neulich zu einem Essen eingeladen, bei dem die Gastgeberin perfekt gestylt ein Menü in drei Gängen mit den
Worten servierte: »Es gibt nur was ganz Schnelles, ich
war heute noch so lange im Büro, ich habe es noch
nicht einmal geschafft, mich umzuziehen.« Auch ihre
Wohnung war sagenhaft sauber und aufgeräumt. Für
das gleiche Ergebnis hätte ich vier Stunden putzen, zwei
Stunden kochen und mich eine Stunde in die Maske be-
geben müssen. Sie nicht. Weil sie so vieles im Leben op-
timiert hat und jede Minute nutzt.

Beim Kochen zum Beispiel kommt sie so wunderbar
runter, sie entspannt sich beim Schnippeln von Gemüse
und beim Rühren von Soßen, sie verarbeitet den ganzen
Tag und ist beim anschließenden Essen schon ausgeruht
und ganz bei sich. Auch den Hausputz nutzt sie. Sie kann
so herrlich dabei denken. Während sie ihre Wohnung
zum Glänzen bringt, arbeitet ihr Gehirn nebenbei auf
Hochtouren. Angeblich hängt es damit zusammen, dass

man mit routinierten Griffen Arbeiten macht, auf die man sich aber nicht großartig konzentrieren muss. So ist man beschäftigt, kann aber die Gedanken laufen lassen. Beim Fensterputzen kommen ihr die besten Ideen für neue Projekte im Job, beim Staubsaugen denkt sie über die Organisation der nächsten Tage nach, beim Bettenbeziehen plant sie den nächsten Urlaub, wenn sie das Badezimmer wischt, macht sie sich, falls nötig, Gedanken über ihre Beziehung, beim Bügeln denkt sie über dieses und jenes nach, und wenn die Wohnung sauber und die Wäsche weggeräumt ist, dann hat sie ihr Leben und ihre kleinen Probleme wieder im Griff.

Es kann so einfach sein. Ich habe staunend zugehört, Entspannung beim Kochen und Probleme lösen beim Putzen, das spart ja tatsächlich eine Menge Zeit. Ich kann nur beim Kochen für sechs Personen schlecht entspannen, wenn ich den Fisch im Backofen, die Kartoffeln auf dem Herd, die Salatsoße in der Schüssel, das Gemüse im Sieb und die Temperatur des Weines im Auge behalten muss.

Auch beim Putzen kenne ich zwar die Handgriffe, muss mich aber trotzdem konzentrieren. Obwohl ich manchmal meine Gedanken abschweifen lasse. Eher aus Versehen. Aber dann passiert es, dass ich in allen Zimmern durchfege und anschließend nicht mehr weiß, wo die Krümelhäufchen liegen. Oder dass der Eimer mit dem kalten Wischwasser noch ein paar Stunden hinter der Badezimmertür steht. Was also mache ich falsch? Warum brauche ich beim Putzen Konzentration und beim Denken frische Luft? Was hat die Kollegin, das ich nicht habe? Ratlos grüßt

Ihre Dora Heldt

Lethargie im Winter

Ich habe in einem Biologielexikon die Definition von Winterschlaf nachgesehen: »Hibernation ist die Schlafperiode einiger Säugetiere, die mit stark herabgesetzten Lebensfunktionen verbunden ist, um die nahrungsarme Winterzeit in einem Zustand der Lethargie zu verbringen.«

Das erklärt das eine oder andere Problem, mit dem ich mich gerade herumschlage, wobei nicht alles auf mich zutrifft. Was zutrifft, ist anscheinend meine gerade stark herabgesetzte Lebensfunktion. Ich bin im Moment tatsächlich nicht immer richtig lebensfähig. Ein Beispiel? Gern. Vor einigen Wochen habe ich am Flughafen in München eine halbe Stunde vorm Einsteigen gemerkt, dass ich dringend zur Toilette musste. Diese Lebensfunktion klappt also noch. Die Toiletten am Gate wurden gerade renoviert, die nächsten lagen ein paar Gates entfernt. Mein mitreisender Kollege passte auf meinen Koffer auf, ich eilte über drei Laufbänder, fand alles sofort und kam nach einigen Minuten zurück. Erst als ich meinen Kollegen sah, der vor meinem Koffer stand, fiel mir ein, dass ich auch eine Handtasche hatte. In der befanden sich nicht nur meine Bordkarte, sondern auch Portemonnaie, meine Papiere, Handy, Hausschlüssel, Kalender – also alles. Und die hing noch in der Kabine der Toilette. Drei Laufbänder entfernt. Ich wusste nicht, dass ich trotz der Lethargie noch so schnell rennen konnte, aber es ging. Und weil es anscheinend mein Glückstag war, die Welt doch ein gerechter Ort ist oder alle anderen Toilettenbenutzer ebenfalls an Lethargie litten, hing die Tasche tatsächlich noch da. Unangetastet. Ich war trotzdem fix und fertig.

So viel zu herabgesetzten Lebensfunktionen. Ich habe in den letzten Wochen eine Regenjacke, ein Paar Handschuhe, zwei Schlüssel und meine einzige Mütze verloren, meine Schwester macht sich Gedanken um mein Gehirn. Ich habe ihr die Definition aus dem Lexikon vorgelesen. Sie hat mich nur skeptisch angesehen und gemeint, dass sie die Stelle mit der nahrungsarmen Winterzeit nicht so richtig nachvollziehen könne, die Jeans, die ich gerade trage, wäre doch sonst nicht so eng.

Meine Erklärung ist, dass ich mich partiell in einer Art Hibernation befinde, die allerdings zeitweise durch Außeneinflüsse unterbrochen wird. Und dass ich mich zwar vorübergehend aus dieser Lethargie befreien kann, sich aber nicht alle Lebensfunktionen so schnell wieder aktivieren lassen. Damit muss ich wohl noch ein paar Wochen leben. Ich hoffe, ich bekomme es ohne größere

Schäden hin. Also, falls Sie irgendwo eine sich sehr langsam bewegende Frau sehen, die den einen oder anderen Gegenstand fallen oder liegen lässt, das bin ich. Und es wäre schön, wenn Sie mich darauf aufmerksam machen könnten, ich bekomme das nicht immer mit. Als Dank habe ich bestimmt etwas zu essen dabei, der Passus trifft ja, wie gesagt, nicht auf mich zu. In großer Vorfreude auf die kommenden helleren Wochen mit allen Lebensfunktionen grüßt leise und lethargisch

Ihre Dora Heldt

Plötzlich Single

Meine Freundin Anna ist seit Weihnachten völlig verzweifelt. Grund dafür ist nicht etwa ein verkorkstes Fest, Streit in der Familie oder ein persönliches Desaster, sondern die Tatsache, dass sich ein befreundetes Paar getrennt hat. Kurz vor Weihnachten ist der Mann einfach ausgezogen. Anna ist erschüttert und hat es zu ihrem persönlichen Desaster gemacht. Weil sich dadurch auch einiges für sie ändert. Noch mal zum Verständnis: Nicht Annas Mann ist ausgezogen, sondern der Mann einer Freundin. Aber so etwas wird oft zur Belastungsprobe für den gesamten Freundeskreis. Ob man zu viert, zu sechst oder zu acht gekocht hat, ob die Paare sich am Wochenende zu einem Kurztrip verabredet haben, ob die Männer gemeinsam gegrillt und ihre dazugehörigen Frauen danebengesessen haben, ist völlig egal, es war eine entspannte Zeit. Ohne Überraschungen. Und mit dem Gefühl der sicheren Gewohnheit. Und man kennt sich auch so gut, jeder weiß, was die anderen denken, und man ist sich ähnlich.

Aber plötzlich schert ein Paar aus. Und alle sind geschockt. Ein Teil der Clique hat das Gefühl, sich für einen der beiden entscheiden zu müssen, ein anderer Teil nimmt plötzlich die eigene Beziehung unter die Lupe. Die Frauen überschlagen sich, der Verlassenen beizustehen, während die Männer der Meinung sind, man solle sich besser raushalten, es ginge schließlich niemanden etwas an. Was wiederum die Frauen verärgert, und worauf sie sich erneut fragen, ob denn bei ihnen und ihren Männern alles in Ordnung ist.

Eine Trennung in unmittelbarer Nähe trifft immer alle. Weil man plötzlich denkt, das könne auch einem selbst passieren. Natürlich ist eine gescheiterte Beziehung für die Betroffenen immer eine Katastrophe, deshalb sollten die Freunde jetzt Taschentücher reichen, Sektflaschen öffnen, Tee kochen, die halbe Nacht telefonieren und Gästebetten beziehen. Aber mehr bitte nicht. Vielleicht noch den einen oder anderen tröstenden Rat geben oder Milchreis kochen. Aber nicht damit hadern, dass sich dadurch das eigene Leben verändern könnte. Trennungen stecken in der Regel nicht an. Aber sie können durch Freunde erleichtert werden.

Für die verlassene Freundin kommt hier mein Tipp: Man kann auch zu dritt, zu fünft oder zu siebt kochen, männerlose Wochenenden können sehr lustig sein, es gibt ein Leben außerhalb von Paaren, Singlezeiten haben durchaus was Gutes, und in einem halben Jahr ist Sommer. Und manchmal ist ein Neuanfang auch eine große

Chance. In diesem Sinne, mit der Gewissheit, dass alle Singles im neuen Jahr ihr Glück finden, grüßt

Ihre Dora Heldt